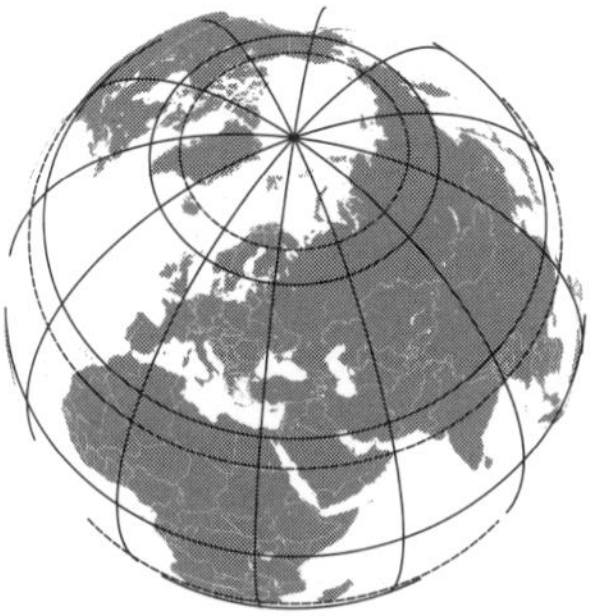

Akira Ikegami, How To See the World

池上彰の世界の見方

ロシア

新帝国主義への野望

小学館

ロシア連邦
Russian Federation

基礎データ

面積	1710万平方キロメートル （日本の45倍、アメリカの2倍弱） ソ連時代は約2240万平方キロメートル
人口	1億4680万人（2017年1月） ソ連時代（1990年1月）は2億8862万4000人
首都	モスクワ
言語	ロシア語
宗教	ロシア正教、イスラム教、仏教、ユダヤ教など
政体	共和制、連邦制 （共和国や州など83の構成主体からなる連邦国家）

出典：外務省ホームページ

はじめに

「おそろしあ」という言葉があります。「恐ろしい」と「ロシア」を合体させた造語で、「ロシアは恐ろしい」という意味に使われます。２０１８年3月、イギリスに亡命していた元ロシア軍のスパイの男性が、娘とともに毒ガスで殺されかかる事件がありました。辛うじて一命をとりとめましたが、使われたのは「ノビチョク」という毒ガスでした。これは東西冷戦時代、旧ソ連軍が開発したもの。そんなものを持っているのはどこの国だ、というわけです。

イギリスの警察は9月になってロシア連邦軍参謀本部情報総局（ＧＲＵ）に所属するふたりの将校の犯行と断定し、逮捕状を取りました。ふたりは事件当日、現場近くにいたことが監視カメラの映像で確認され、事件の日の夜にはモスクワ行きの飛行機でイギリスを去っています。ふたりが宿泊していたホテルの部屋からはノビチョクの痕跡が見つかっています。しかし、ロシアは容疑を認めていません。

また、イギリスでは２００6年にも、元ロシアのスパイだった人物が放射性物質を投与されて殺害されています。この放射性物質は国家レベルの原子炉でないとつくり出せない特殊なものでした。さて、どこの国が持っているのでしょう。

この時もイギリスの警察はロシア人を容疑者と断定してロシアに引き渡しを求めましたが、ロシア側は拒否。その後、この人物はロシアの国会議員になってしまいました。

そもそもロシアのウラジーミル・プーチン大統領は、旧ソ連時代、ＫＧＢというスパイ組織に属していました。プーチン政権には、当時のＫＧＢのメンバーが多数入っています。いわば「スパイ組織に支えられた政権」です。

こう考えると、「おそろしあ」と言いたくもなるかもしれませんが、その一方で、ある国について一方的に「怖い国」と決めつけるのは危険なことです。そこには、それなりの事情と論理があるからです。

ましてロシアは日本の隣国です。嫌でも付き合っていかなければなりません。両国の間には「北方領土」という複雑な問題が横たわっています。このため、日本とロシアの間には、いまだに平和条約が結ばれていないのです。日本としては、「領土問題を解決して平和条約を結ぼう」とロシアに働きかけてきました。ところが、２０１８年9月になってプーチン大統領が突然、「前提条件なしに平和条約を結ぼう」と言い出しました。これをどう受け止めればいいのか。

日本は「領土問題を解決して平和条約を結ぼう」と言ってきたのに、ロシアは、まず「平和条約を結ぼう」と言い出しました。ということは、領土問題は棚上げにしてしまおうというのでしょうか。

実はロシアがソ連だった時代の1956年、日本とソ連は国交を回復しました。平和条約は結んでいませんが、「国同士のお付き合いはしていきましょう」と約束したのです。それが「日ソ共同宣言」です。

この時、ソ連は「平和条約を結んだら歯舞《はぼまい》、色丹《しこたん》を日本に引き渡す」と約束しました。もしプーチン大統領の発言が、この日ソ共同宣言にもとづくものであれば、平和条約を結んだ後で、歯舞、色丹については日本に返還するつもりがあると言っていると解釈することも可能です。

しかし、日本が要求しているのは、北方領土の歯舞、色丹、国後《くなしり》、択捉《えとろふ》の4島です。プーチン発言は、それを2島だけで終わりにしようと提案しているようにも解釈できます。

さて、これから日露関係は、どうなるのか。なかなか先が見えない状態が続いています。でも、日本とロシアの関係は、これに留まるものではありません。日本はロシア文学に大きな影響を受けてきました。たとえばドストエフスキーやトルストイ、ゴーゴリ、ツルゲーネフ、チェーホフなど多数の作家の作品が日本語に翻訳され、日本の読者を魅了してきました。私も若い頃にドストエフスキーの『罪と罰』には大きな衝撃を受けたものです。ロシアとは、どんな国なのか。まずはロシアという国の基礎基本から考えていこうというのが、この本の狙いです。

本書のシリーズは、中学生あるいは高校生を対象に、私が「世界の見方」を授業し、その内容を本にまとめています。

今回は渋谷教育学園渋谷中学校・高等学校と同幕張中学校・高等学校のみなさんに協力をいただき、授業をしました。知識欲に溢れた生徒たちは、どのような反応を示したのか。そこも含めてお読みください。

２０１８年10月

ジャーナリスト　池上　彰

目次

池上彰の世界の見方 ロシア

新帝国主義への野望

第1章
「プーチン大統領」から見るロシア

ロシアって、どんな国？

ロシアというと、首都モスクワを思い浮かべる人が多いでしょう。モスクワはロシアの西側、ヨーロッパ寄りに位置します。東京から直行便の飛行機で10時間以上。とても遠い国のように感じるかもしれません。でも、日本から最も近い東側の都市ウラジオストクは新潟から飛行機で2時間以内。日本の目と鼻の先です。

また歴史的にも、日本とは関係が深い国なんです。知っているようで、知らない。日本に住む人にとって、ロシアはそんな国かもしれません。

Qまず、君たちがロシアに対してどんなイメージを持っているのかを聞かせてください。

――**大きくて、東西に長い国。**

確かに東西に長い。最初にこういう答えだといいよね。質問をするうえでハードルが断然低くなったね（笑）。

――**寒い！**

ますますハードルが低くなった（笑）。どんどん、発言してください。

――**いまだに帝国主義っぽい。**

なるほど。帝国主義ってなんだろう。あとで聞くからね（笑）。

――**日本との間に、北方領土問題があります。**

そうだね。北方領土問題は、のちほどたっぷり時間を使って説明していきます。

――**政権が結構霧に包まれている。**

政権が霧に包まれている？

――**国民を抑えつけていて、自由がない気がします。**

なるほど。言論の自由がない、ということかな。

さっきロシアは帝国主義っぽいと言った人がいたね。帝国主義とはどういうことか、説明してくれますか。

――**自分の国の領土をどんどん拡大していこうという考え方の国です。ロシアの場合、不凍港を求めてどんどん南下していく。そうやって領土を広げようという、国家的な本能みたいなものだと思います。**

さすがに、よく知っていますね。帝国主義とは、強力な軍事力を背景にして世界各地に植民地や勢力圏をどんどん増やしていくことです。かつての日本も帝国主義の国でした。

そして「不凍港」、凍らない港。これがロシアを理解するうえで、重要なキーワードになってきます。

海が凍る恐怖

日本は、周りを海に囲まれた島国。いわゆる海洋国家です。沿岸部には港がたくさんあるけれど、冬に海が凍って港が使えなくなる地域はほとんどありません。確かにオホーツク海周辺には流氷が押し寄せてきて、一時的に港が使えなくなる季節もありますが、冬になって海が凍るから困ると意識することはないよね。

ロシアは、地図（p18地図①）を見てもわかるように、国土が面している海のほとんどが北極海。地球温暖化の影響で、夏の海氷の減少が問題になっていますが、それでも冬になると海は全部凍ってしまいます。

そして、寒い。気温が氷点下50度以下になる地域もある。想像を絶する寒さでしょう。冬の間だけ我慢すれば、と思う人がいるかもしれませんが、ロシアの夏は本当に短いのです。短い夏が終わると、長い冬がやってくる。とにかく1年の大部分、極寒の中に閉じ込められているというイメージをロシアの多くの人が持っています。

温暖な気候の日本で暮らしていると実感しにくいと思いますが、国土の中に閉じ込められてしまう。なんとかそれを突破したい。ロシアの人々には、潜在的にそういう本能のような思いがあるんですね。だから、冬になっても海が凍らない南のほうに、少しでも領土を広げようとしてきた歴史があります。

さらに、ロシアは東西に長い。西はヨーロッパから、東はアメリカ大陸のアラスカの近くまで国土が広がっているでしょう。現在の首都モスクワに行くと、ヨーロッパの街並みそのものです。ところが東部沿岸部の街ウラジオストクでは、やっぱりここはアジアの一角なんだなという印象を受けます。

日本は、極東と呼ばれるでしょう。ヨーロッパから見て、東の果てという意味です。ロシアという国は、ユーラシア大陸の西から極東にまで及ぶ広大な国土を持っている。だからひと括《くく》りにロシアといっても、西と東では文化も民族もまったく違うのです。

ギリシャ正教会がロシアへと北上した

ロシアの文字を見たことがありますか？　アルファベットが裏返しになったり、ひっくり返ったりしている。ずいぶん不思議な文字に見えるよね。これを、キリル文字といいま

アメリカ
北 極 海
ロシア連邦
オホーツク海
モンゴル
日本海
北朝鮮
日本
中国
韓国
ロシア
旧ソ連の国

地図①—**ロシアと周辺諸国**

す（p25写真①）。

なぜこんな不思議なかたちをしているのか。昔、ロシアの皇帝が、我が国にも活字が必要であると言って、ヨーロッパから活字を輸入しました。活字って、見たことあるかな？活字とは、字のかたちを刻んだ金属のコマです。今は、コンピュータで打った文字をプリンターで印刷できますが、昔は活版印刷といって、活字を一文字一文字並べて版をつくり、印刷していました。

ヨーロッパでつくられた活字を活字箱に入れ、馬の背中に載せてロシアまで運んでいた。その途中、峠で馬が暴れて活字箱が落ちた。散乱した活字を慌てて拾い集めたんだけど、活字箱に戻す時に向きを間違えてしまった。だからロシアの文字は、アルファベットが裏返しになったり、ひっくり返ったりしているんだ、という小話があります。これはホントの話じゃない。信じてはいけないよ（笑）。

ここからは本当の話です。ロシアで使われているキリル文字のルーツはギリシャ文字です。ロシアの宗教はロシア正教会だよね。ロシア正教会は、そもそもは東方正教会から発展したものです。

Qでは、東方正教会とは、どんな宗教でしょう?

──4世紀末にキリスト教が分裂して、ローマ・カトリック教会とギリシャ正教会に分かれました。今では、ギリシャ正教会のことを東方正教会と呼んでいます。

そうだね。西暦395年にローマ帝国が、西ローマ帝国とビザンツ帝国（東ローマ帝国）に分裂し、キリスト教も東西に分かれます。東西のキリスト教会は8世紀頃から対立を深め、11世紀なかばには西のローマ・カトリック教会と東のギリシャ正教会に分離。ヨーロッパにふたつのキリスト教世界が誕生したのですね。

ビザンツ帝国のギリシャ正教会がどんどん北上していき、たとえばブルガリアならブルガリア正教、セルビアならセルビア正教など、同じ正教なんだけど、それぞれの国で独自に微妙に違う発展を遂げていった。

そしてロシアまでやってきて、ロシア正教会になったわけです。このようにヨーロッパの東側を中心に広まっていったので、東方正教会と呼ばれています。

そして、ギリシャ正教会と一緒にギリシャ文字もロシアまでやってきた。そのギリシャ文字をキリルさんという人がロシア語の表記にふさわしいように整備して、現在のキリル文字になったのです。ちなみに、キリル文字が使われているのはロシアだけではありません。ブルガリア語やセルビア語などでも、キリル文字が使われています。

ロシアのクリスマスは12月25日じゃない⁉

ちなみに、カトリックと東方正教会では、十字の切り方が違うのを知っていますか？上から下、左から右に十字を切るのが一般的だよね。これはカトリックやプロテスタントの十字の切り方。正教会は逆なんです。上から下、右から左に十字を切ります。

また、カトリックやプロテスタントの教会では、祈る時には椅子に座ったり、ひざまずいたりするでしょう。東方正教会の祈りのスタイルは、基本的には立ったままです。

話が脇道にそれていっちゃうけれど、うんちくをもうひとつ。

Q 12月25日は、なんの日か？　当然知っていますね。

――クリスマス、キリストの誕生日です。

みんなそう思っているでしょう。でも、聖書を隅から隅まで読んでみても、どこにもイエスが12月25日に生まれたとは書いていない。

イエスが生まれた場所は、ベツレヘム。現在のパレスチナです。

聖書のイエス誕生の記述のところには、羊飼いたちが夜通し羊の番をしていたら、天使が現れ、今日メシア（救世主）がお生まれになったと告げた、とあります。羊飼いたちは、野宿しているわけだ。中東だから、なんとなく暖かいんじゃないかと思っている人がいるかもしれませんが、12月はとても寒い。特に砂漠は昼と夜の温度差がものすごく激しいでしょう。冬の時期には、夜はとても外になんか出ていられません。

羊飼いは寒い12月に野宿するはずがない。だからイエスが生まれたのは冬ではないのだろう、と推測できるわけです。実際古代の神学者の中には、キリストが降臨したのは5月だという人もいたそうです。

では、なぜ12月25日がクリスマスになったのか？　キリスト教のローマ・カトリック教会が広まっていく過程で、ヨーロッパの冬の祭りと結びついて12月25日に祝うようになったのです。

東方正教会のクリスマスは、12月25日ではありません。カトリック教会や現代世界ではグレゴリオ暦を使っていますが、東方正教会は基本的にユリウス暦を使っています。ふたつの暦には現在13日のずれがあるので、グレゴリオ暦の1月7日にクリスマスのお祝いをします。

東方正教会の流れをくむロシア正教会も、クリスマスは1月7日。キリスト教の教派のひとつが変容して、異なる文化になったということです。ロシアとギリシャの宗教と文化のつながりを頭の隅に置いておきましょう。

広大なロシアをまとめるためには、強い指導者が必要

Q ロシアの人口はどのくらいでしょう。

――**5億人くらいはいると思います。**

実は1億4000万人強です。日本とあまり変わりません。でも国土は、東西に長くて、とても広い。面積は日本の約45倍もあります。

ロシアのような広大な国をひとつにまとめるには、絶対的な強い力を持っていないと困難です。カリスマ性のある指導者が国を引っ張っていかないとばらばらになってしまう。そういう思いを持っている人たちが大勢います。

現在のロシアでは、ウラジーミル・プーチン大統領が絶対的な力を持っています。ここに2018年版のプーチン大統領のカレンダー（写真①）があります。ちょっとめくってみましょう。表紙は、国連総会の場で演説しているプーチン大統領の写真です。かっこよく撮れています。2月、アイスホッケーのユニフォームを着た大統領の顔のアップ。プーチ

写真①―**プーチンカレンダー(2018年)と名前のロシア語表記**

Владимир Владимирович Путин

ウラジーミル ウラジーミロビッチ プーチン

ン大統領はスケートが上手ではないのですが、こうやって写真を撮ると、スポーツ万能のイメージがつきますよね。

そして3月は柔道。プーチン大統領といえば柔道。柔道は正真正銘、黒帯の実力者です。さらに、戦闘機の飛行や軍艦の海上パレードを眺めているシーンも続きます。若者と一緒に超大型のオートバイ、ハーレーダビッドソンに乗っている写真もあります。

そして毎年お決まりの写真が、上半身裸のプーチン大統領が、銃を手に肉体を誇らしげに晒《さら》しているシーンです。カレンダーを見ても常に若々しくて強い大統領というイメージを演出しようとしていることがわかります。

ロシア男性の平均寿命は64・7歳なんです（世界保健統計２０１６）。世界の先進国では平均寿命が長くなる中で、ロシアの男性だけは平均寿命が長くなっていません。ちなみにロシアの女性は76・3歳で男女差がかなりあります。

なぜか？　ロシアは寒いでしょう。あまりに寒いものだから娯楽がない夜は、みんなウォッカを飲んで酔っ払う。ウォッカの飲みすぎで、健康を害する人が多いのです。

プーチン大統領は１９５２年生まれ、66歳です（２０１８年11月現在）。ロシアの男性の平均寿命を超えている。立派な高齢者です。だからこそ、強い大統領はいつまでも若々しいんだというイメージを維持し続けることが大切なのでしょう。

プーチン大統領は、元スパイだった

さぁ、いよいよ本題のウラジーミル・プーチン大統領とは、どんな人物なのか？　プーチン大統領がＫＧＢのスパイだったということを知っている人は挙手してください。おお、みんな知っているんだね。

Ｑでは質問です。ＫＧＢとは何をする組織なのか？

――ロシアの秘密警察です。

惜しい。ロシアじゃないんだ。その前のソ連時代にあった秘密警察のことですね。ソ連国家保安委員会、通称ＫＧＢです。ちなみにソ連崩壊に伴ってＫＧＢは解体・分割され、連邦保安庁（ＦＳＢ）と対外情報庁（ＳＶＲ）になりました。

それにしても、大統領が元スパイだなんて、まるで映画のようなつくり話みたいだよね。スパイと聞くと、少し怪しげなイメージがあるかもしれませんが、スパイ組織は決して特別なものではないのです。アメリカのＣＩＡや映画の００７シリーズでも有名なイギリスのＭＩ６（現在は秘密情報部ＳＩＳ。ＭＩ６は通称として残る）など、スパイ組織を持っている国はたくさんあります。

では、若き日のプーチン大統領は、どうしてＫＧＢのスパイになったのか。その理由を知ることは、プーチン大統領、そしてロシアを理解するうえで重要なことなんです。

というのも、プーチン政権を構成している幹部の多くが元ＫＧＢのスパイたち。ＫＧＢ時代の仲間や後輩たちが、プーチン大統領を支えている。それが現在のロシアという国だからです。

プーチン大統領は自伝（邦訳『プーチン、自らを語る』扶桑社）を出しています。その自伝をもとに人生の歩みを見ていくことにします。

プーチン大統領のフルネームは、ウラジーミル・ウラジーミロビッチ・プーチン。１９５２年10月７日、ソ連第二の都市レニングラードで生まれました。現在のサンクトペテルブルクです。長い間ソ連の独裁者として君臨していたスターリンが亡くなり（１９５３年）、フルシチョフの時代に入る頃です。

サンクトペテルブルク（１９１４～24年はペトログラード）は、もともとはロシア帝国の首都でした。サンクトペテルブルクは、「聖ペテロの街」を意味します。ペテロというのは、イエス・キリストに付き従った一番弟子の名前です。そして、ロシア帝国の偉大な皇帝ピョートル大帝自身の名前でもある。ロシアふうにピョートルと呼んでいますが、もとはペテロです。自分の名前のペテロから、聖ペテロの街と名づけたわけですね。

ところがロシア革命によって1917年にロシア帝国は倒れ、1922年にソビエト社会主義共和国連邦（ソ連）という国ができた。皇帝が支配する国から、社会主義の国に変わったのです。ソ連については、次の章で詳しく取り上げます。

ソ連になって、首都がモスクワに遷《うつ》されます。その時に名前をレニングラードに変えました。だって、自分たちが倒した王朝を建てた皇帝の名を冠した都市の名前なんて嫌でしょう。

ソ連が誕生するきっかけとなったロシア革命は、レーニンによって成し遂げられました。レーニンに敬意を表して、レーニンの街、レニングラードと名前を変えたのです。

ドイツに侵攻され2600万人が亡くなった

プーチン大統領が生まれる十数年前のことです。1939年にナチス・ドイツがチェコスロバキアを解体し、ポーランドに侵攻。ヨーロッパ各地へとどんどん侵略の手を広げていきました。ここから第二次世界大戦が始まります。

当時のソ連の指導者スターリンは、とにかく自分の国を守ろうと考え、ドイツのヒトラーと平和協定（「独ソ不可侵条約」）を結んで、お互いに戦争はしないという約束をしていました。

しかしヒトラーは、その約束を破ってソ連に兵を進めます。ソ連は国土の西側、レニングラードやモスクワの近くまで、ナチス・ドイツによって蹂躙《じゅうりん》されてしまいます。

レニングラードは日本でいうと、江戸に都が遷されたあとの京都のイメージです。そのレニングラードがドイツ軍によって包囲されてしまうんですね。

生活物資は一切レニングラードに運び込むことができなくなります。薬もない。食料もどんどんなくなっていく。結果的に、ドイツ軍に包囲されたことによって、レニングラードでは、大勢の人が餓死したり、栄養失調から病気にかかって死んだりという、それは悲惨な経験をしたのです。この時、プーチン大統領はまだ生まれていませんが、幼いお兄さんはジフテリアにかかって死んでしまいました。

ドイツのソ連侵攻は、どうなったか。最終的にはソ連が勝ちます。というよりは、ドイツ軍がソ連のあまりの寒さに負けたんだよね。

厳しい寒さのことを「冬将軍」っていうでしょう。かつてはフランスのナポレオンも、冬将軍に負けました。ナチス・ドイツも同じ道をたどったのです。

約９００日もの包囲網を耐え抜き、レニングラードは、ようやく解放されました。最終的に、2600万人を超えるソ連の人々がナチス・ドイツとの戦争で亡くなったとされています。第二次世界大戦でいちばん大きな被害を出したのは、ソ連なんです。そのトラウマが、現在もロシアに残っているのです。

自分たちが暮らしているこの地は、かつてドイツによって攻撃され、住民たちは想像を絶する悲惨な目に遭ってきたのだということを、プーチン大統領は子どもの頃から叩き込まれてきたはずです。

他国から侵略を受けると、いかにひどいことになるのか。プーチン大統領の頭の中に刷り込まれているのだ、ということを知っておいてください。

KGBのスパイになる方法

プーチン大統領は、13歳の頃に柔道を始めます。でも勉強はろくにしない、やんちゃな少年だったといわれています。少年時代に、あるスパイ映画に感化されます。

第二次世界大戦の時に、ソ連のスパイ組織KGBに所属する主人公がドイツに潜入。後方からドイツ軍をかき乱して、ソ連を勝利に導く。KGBのヒーローが大活躍するストーリーでした。

プーチン少年には行動力がありました。彼は、KGBのレニングラード支局を訪ねていったのです。そして係官に、将来、KGBのスパイになるためにはどうしたらいいでしょうかと、質問しました。すると、その時に対応してくれた人は、非常に優しい人だったんだね。どうすればスパイになれるかっていうことをプーチン少年に教えてくれたのです。

Q さて、KGBのスパイになるためには、どうすればいいとアドバイスを受けたのでしょう?

――格闘技の力をもっと身につけなさい。

なるほど。スパイには格闘技も必要だろうね。

――一生懸命勉強して大学へ行きなさい。

もちろん、学力も必要だよね。さまざまな知識がないと、逆にだまされちゃうかもしれない。

そのKGBの係官は、プーチン少年に意外なアドバイスをしました。KGBに入りたいと思ったら、KGBに入りたいと言ってはいけない。KGBは、KGBに入りたいという人は採用しないんだと教えたのです。

採用されるKGB職員の中に、外部からスパイが入ってくる可能性だってあるわけでしょう。たとえばアメリカのスパイが、KGBのスパイになりたいと言って入ってくる可能性もある。また、スパイになりたいんですって言うと、相当ミーハーなやつだと思われるわけだね。そういう連中は、信念がないからあまり信用されない。だから、スパイになりたいと希望してなれるものではない。

「君が本当にKGBに入りたいと思ったら、一生懸命勉強をして、いい大学の法学部に入って、いい成績をとりなさい」

そうすれば、KGBのほうから接触してくる、と言われたんですね。

このアドバイスを受けて、勉強しなかったやんちゃなプーチン少年は、心を入れ替えて、猛勉強を始めます。そして、レニングラード大学法学部に入学します。

モスクワ大学が東京大学だとすれば、レニングラード大学は京都大学という感じかな。相当のエリート校です。

もちろん柔道は、ずっと続けてきました。勉強はできる。武道にも精通している。そんなプーチン青年の前に、ある時、正体不明の男が現れます。私の正体を明かすことはできないが、国家のために尽くす気持ちがあるかね、とささやかれた。プーチンにとっては、待ちに待ったスカウトの登場です（笑）。かくして、プーチンは希望どおり、KGBのスパイになりました。

ではKGBのスパイとして、どんな活動をしていたのか。当時は東西冷戦時代です。ドイツが東西に分割され、東はソ連、西はアメリカやイギリスなどの支配下に置かれていました。東西両陣営が直接対峙する重要な地域です。

プーチンは、ドイツ語要員として徹底的にドイツ語を叩き込まれ、東ドイツにあるKGBドレスデン支局に配属されました。東ドイツにはシュタージというスパイ組織があって、多数のスパイを西ドイツに送り込んでいました。

また、ドレスデンには、中東やアフリカなどの国々から留学生が来ていました。プーチンは、西ドイツでスパイ活動を行っているシュタージからの情報を得たり、留学生たちをスパイにスカウトしたり、という仕事をしていたのではないかといわれています。

戦後の日本とドイツを「地政学」から見る

そして1989年11月9日、ベルリンの壁が崩壊。東ドイツがみるみるうちに崩壊していく様子を、プーチンはドレスデンで見ていました。

ベルリンの壁が崩壊するきっかけとなった、東ドイツでの民主化を求める集会やデモは、実はドレスデンから始まっています。まさに東ドイツという社会主義の国が崩壊していくさまを、プーチン大統領は目のあたりにしたのです。

その後、ソ連も崩壊していくことになります。プーチン大統領は、ソ連の崩壊について、どう思うかと聞かれた時に、「地政学的な悲劇である」と答えました。

「地政学」って、最近、非常に注目されるようになった学問です。実は地政学を有名にしたのは、ナチス・ドイツでした。そのことについて深く話すと、別の本が1冊できちゃうので、ここでは詳しく説明しません。興味のある人は、『マッキンダーの地政学　デモクラシーの理想と現実』（H・J・マッキンダー著　原書房）という古典的な本を、読んでみてください。

とにかく、マッキンダーの思想に影響を受けたナチスの理論家が戦略として地政学を取り入れていた。といっても、戦争のための学問ではありません。

「地政学」つまり「地理」と「政治」ということですね。それぞれの国が地球上のどこに存在しているかという、地理的な条件によって政治が左右される。これが「地政学」という考え方です。

たとえば、第二次世界大戦で敗れた日本に対して、アメリカは、二度と戦争を起こさないように、軍事力は一切持たないと書かれた平和憲法をつくるように指導します。そして「日本国憲法」が制定されたのですが、すぐ近くの朝鮮半島が南北に分割され、戦争を始めた。そして、中国には共産党の政権ができている。さらに、その北には巨大な社会主義国家ソ連がある。

軍事力を持たないはずの日本に、いつしか警察予備隊が生まれ、自衛隊が組織される。地理的条件と国際情勢の中で日本の進路が決まっていくことになりました。

一方、同じ敗戦国のドイツは東西に分割されました。東はソ連、西はアメリカ、イギリス、フランスの支配下に置かれました。

アメリカにすれば、もう二度と戦争ができないように西ドイツにも武力放棄をさせたい。でも、すぐ隣にはソ連の影響下にある東ドイツがある。その奥にはポーランド、そしてソ連がある。

ソ連を中心とする東側諸国の脅威に対抗するために、西ドイツには軍隊が設置されたんですね。さらに徴兵制も採用します。西ドイツの若者たちは必ず軍隊に入らなければならなくなった。日本とはかなり違います。

アメリカは、敗戦したそれぞれの国が二度と自分の国に歯向かうようなことがないようにしようと思ったのですが、周囲の「地理」と「政治」の情勢によって、大きく異なる対応を迫られたのです。これが「地政学」的な見方です。

国境の向こう側にどんな国があるか

では、プーチン大統領が言う自国の「地政学的悲劇」とは、どういうことか。現在のロシアは、かつてはソ連という強大な国だった。でも、ソ連が崩壊してしまった。その結果、何が起きたのか。

ここで、ロシアの地図を見てください（p18地図①）。バルト三国のエストニア、ラトビア、リトアニア、さらにベラルーシ、ウクライナ、モルドバ、ジョージア、アルメニア、アゼルバイジャン、トルクメニスタン、ウズベキスタン、タジキスタン、キルギス、カザフスタン、これらの国々はすべてソ連でした。それが、ソ連の崩壊で、次々と独立していった。これを、プーチン大統領は地政学的な悲劇だと言ったのです。

ロシアにしてみれば、もともとはどの国もみんな自分の仲間だった。ところがソ連崩壊後、バルト三国は、西側に寝返った。NATOにもEUにも加盟して、アメリカの仲間になってしまった。ロシアにしてみれば、裏切られたという気持ちが強いのです。

ソ連時代なら、ヨーロッパの国と戦争をしても、まず戦場になるのはヨーロッパ諸国と接しているバルト三国です。バルト三国を緩衝地帯にしているので、ロシアは安泰でした。

ところがバルト三国が西側の仲間になってしまった。つまり、ロシアは国境で直接敵からの攻撃にさらされてしまう。ロシアにとっては脅威ですね。

さらに、ウクライナまでも西側のEUに加盟しようとしている。それはなんとか阻止したいと、ロシアは考えます。

ウクライナの東部にはロシア系の住民が暮らしています。もともと我々はロシアの仲間なんだ、ロシアにとどまりたいと考えています。西部には、自分たちはヨーロッパなんだ、ヨーロッパに入りたいという人たちがいます。

ウクライナは東西の間で内戦状態がずっと続いています。結局、ウクライナがまるごと西側に行ってアメリカの仲間になってしまったら、ロシアはウクライナとの国境線で脅威にさらされてしまう。国境の向こう側に自分の言うことを聞かない国や仲のよくない国があると、とても脅威を感じる。ロシアは、こういう発想をするんですね。

将来、あなたがヨーロッパに旅行に行くことがあったら、周りの風景を観察してみてください。ドイツを移動すると車窓には大平原が広がっています。チェコやスロバキアでは、実になだらかな丘陵地帯が延々と続いています。そこには牛が放牧されている。のどかな風景を見ることができます。

第一次世界大戦や第二次世界大戦の時には、そこに敵国の戦車が隊をなしてやってきた。

なだらかな丘陵地帯というのは、戦車にとっては絶好の侵略ルートなんです。想像してみてください。３０００両、５０００両の戦車が丘から丘を越えて、一挙に自分の国に攻め込んでくる。どれほどの恐怖心にかられるか。国境が陸続きだと、そういう危険が身近なのです。

かつてドイツの侵略を受けレニングラードが包囲され、多くの人が犠牲になった。プーチン大統領は、その事実を家族から聞かされてよく知っている。

さらに、東ドイツがあっけなくなくなってしまった。自らその場にいて体験している。ソ連が崩壊し、ロシアという小さな国になってしまった。日本から見れば、まだまだ十分大きいけれど、ソ連時代と比べるとすごく小さくなってしまった。そういう恐怖心や安全保障上の不安をロシアは持ち続けている。それがプーチン大統領の「地政学的悲劇」という発言につながっているのです。

チェチェン紛争で国民のヒーローに

さて、ベルリンの壁崩壊を目のあたりにしたプーチンに話を戻しましょう。ＫＧＢのドレスデン支局にいたプーチンは、東ドイツが崩壊したことでレニングラードに戻ってきます。すると、今度はソ連が崩壊して、ロシアになった。

そして、ソ連をつくったレーニンに由来する、レニングラードという名前はよくない、昔の名前に変えようじゃないかということになり、1991年11月にはサンクトペテルブルクという昔の名前に戻りました。

では、レニングラードに戻ったプーチンは、どのようにして大統領への道を歩んだのでしょう。

1991年6月、プーチンがレニングラード大学で学んでいた時の指導教授サプチャクが、レニングラードの市長になります。プーチンはKGBを辞めて、恩師に付き従い政治の世界に足を踏み入れます。そして翌年、レニングラードから名称変更したばかりのサンクトペテルブルクの副市長に任命されます。しかし、1996年の市長選挙でサプチャクが敗れ退陣。プーチンは新市長から慰留されますが、恩師と一緒に職を辞します。

プーチンの能力の高さは折り紙付きでした。今度はモスクワのロシア大統領府から呼ばれ、大統領府総務局次長に就任。さらに、翌1997年には、ロシア大統領府副長官兼監督総局長に就任します。

当時のロシアは、エリツィン大統領でした。プーチンは、KGBの後継組織であるFSB長官などを経て、1999年エリツィン大統領に抜擢されて首相に就任します。ロシアの首相は主に国内の政治を担当します。

エリツィン大統領のもと頭角を現したプーチンは、猛烈な勢いで権力を握ることになるんですね。

プーチンの評価を一気に上げる出来事が起こります。それがチェチェン紛争の制圧と独立阻止です。チェチェン共和国はソ連時代はロシア共和国の一部でした。ソ連が崩壊し、ロシアが独立国になると、チェチェンもロシアからの独立を宣言します。

チェチェンには、ヨーロッパへ天然ガスを送るパイプラインが通っていて、ロシアにとっての要地です。エリツィン大統領は独立は認めないと、１９９４年ロシア軍を送り込み戦闘を始めました。しかしチェチェンの武装勢力の激しい抵抗を受け、ロシア軍は大きな被害を出して撤退したのです。

プーチン首相は、エリツィン大統領からチェチェン紛争を解決するように命じられます。この頃モスクワではアパートの連続爆破事件が起こっていました。プーチン首相は、「チェチェンのイスラム過激派」の犯行だと決めつけ、再びロシア軍をチェチェンへと侵攻させます。無差別テロを起こしたテロリストをやっつけるというイメージ戦略に成功します。ロシア国民の大きな支持を受け、プーチン首相はチェチェンを制圧することに成功。独立を阻止します（p42図表①）。

図表①—**チェチェンにおける紛争の歴史**

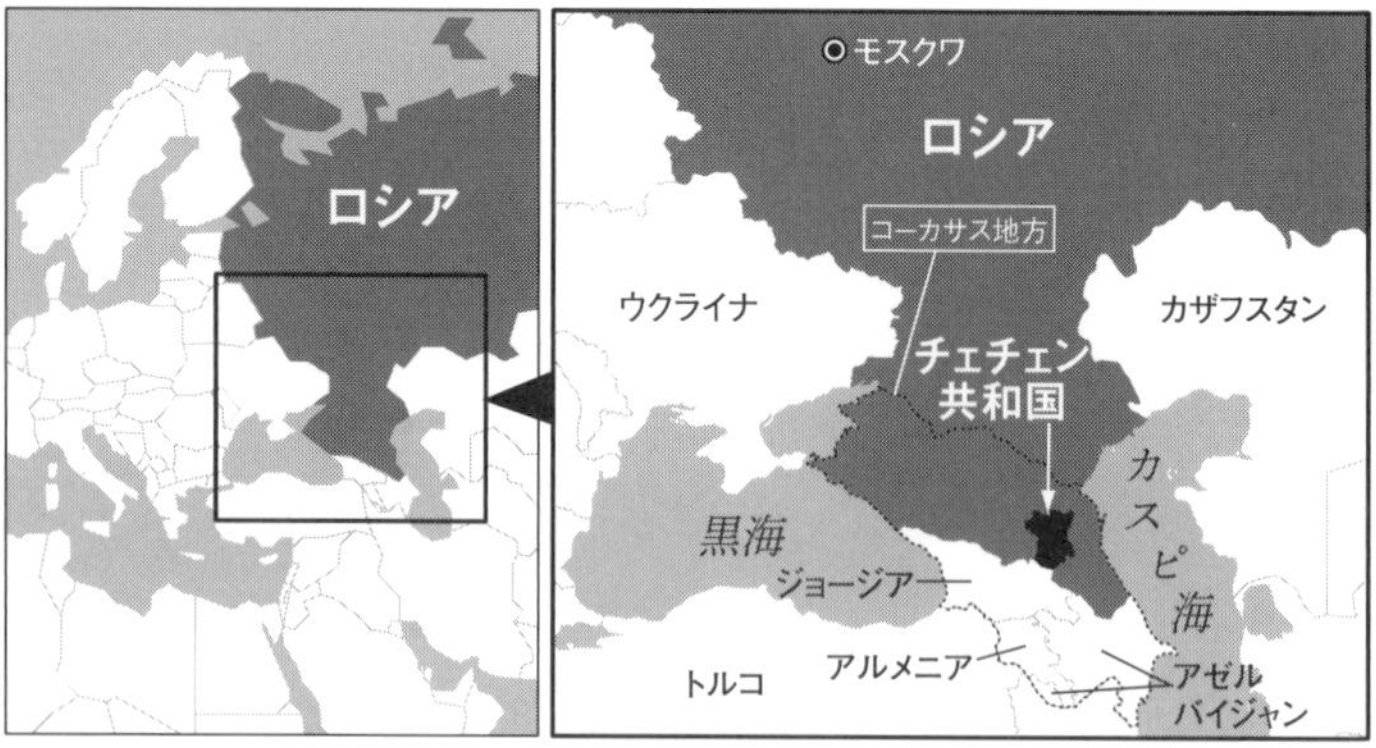

年	出来事
18世紀後半	ロシアの南下政策により、侵攻始まる
1817	コーカサス地方の民族のロシアへの抵抗が激化、コーカサス戦争へ
1864	ロシアによる併合が完了(コーカサス戦争終結)
1917	ロシア革命。チェチェンでも大規模な独立運動が起こるがロシア軍に鎮圧される
1936	チェチェン・イングーシ自治共和国としてイングーシ人とともに、ソ連の中のロシア共和国を構成する自治共和国となる
1942	第二次世界大戦でナチス・ドイツに占領される
1944	スターリンにより、約20万人がカザフ共和国に強制移住させられる
1957	チェチェンへの帰還が認められ、自治共和国が復活
1991	ソ連解体への動きが加速する中、大統領選挙で独立を訴えるドゥダエフが当選し、ソ連からの独立を宣言。「チェチェン共和国」誕生
1993	ロシア連邦政府からの財政支出が停止し、経済が悪化。ドゥダエフは大統領直轄統治を導入するが、議会との対立で内戦状態に
1994	ロシアのエリツィン大統領が内戦鎮圧に乗り出す。第一次チェチェン紛争へ
1996	ドゥダエフの死亡により和平へ。停戦合意
1999	チェチェンの武装勢力が隣国に侵攻。ロシア軍との攻防始まる。第二次チェチェン紛争
2000	プーチン(首相)の掃討作戦により、チェチェン制圧。ロシア国民の支持を得たプーチンは大統領選挙で圧勝。しかし以後も紛争は続く

この功績によって、プーチンの人気は上昇します。ヒーローの登場でした。エリツィン大統領は、プーチンを自らの後継者に指名。2000年の大統領選挙でプーチンは圧勝し、第2代ロシア大統領に選ばれます。

四半世紀にわたって権力を掌握する

プーチン大統領が就任した時点では、ロシアの大統領の任期は1期4年、連続2期まででした。プーチン大統領は、2004年の選挙でも再選され2008年まで大統領を務めることになりました。しかし、ロシアの憲法の規定で連続3期はできません。

Q そこで、権力を保持し続けたいと考えたプーチン大統領は何をやったのでしょう?

――**憲法を改正して、連続3期できるようにした。**

確かに強権の大統領なので、憲法改正もできるかもしれないね。でもこの時は違います。みんながあっと驚くことをしたんですね。

プーチン大統領は、任期が切れる直前に次期(2008年)大統領選挙の候補として、第一副首相だったメドベージェフを指名。メドベージェフは、プーチンの後ろ盾を得て、大統領選挙で勝利します。

なぜ、メドベージェフを指名したのか。実は、メドベージェフはプーチンと同郷で、大学の同窓でもある仲間なんです。つまり、メドベージェフは、プーチンの言うことを聞いてくれる都合のいい人物です。メドベージェフ大統領は当選すると、プーチンを首相に任命しました。実態は「指名させた」と言うべきでしょうね。

Qでは、ロシアにおいて、大統領と首相はどう違うでしょうか？

――**大統領は国のリーダーで、首相は政府のリーダーだと思います。**

ほぼ正解ですね。一般的には便宜上首相と呼んでいますが、正式にはロシア連邦政府議長です。連邦政府の首長ですね。大統領は、対外的に国家の代表としての権利を持つ国家の元首です。

メドベージェフ大統領は、2012年に選出された大統領から任期を6年に延長するように憲法を改正します。自分の任期ではなく、次の大統領から任期を延長する。なんのためにやったのでしょう。もうわかりますね。プーチンは首相の期間も実質的には陰の最高権力者としてメドベージェフ大統領を操っていたのです。

4年の任期をまっとうしたメドベージェフは退陣。そして2012年の大統領選挙に、再びプーチンが出馬します。国民からの絶大な支持を得て、大統領に復帰しました。メドベージェフは、今度は首相に任命されました。

プーチン大統領の任期は6年、連続2期まで務めることができます。そして、2018年の大統領選挙で再選されました（p46図表②）。このままいけば、2024年までプーチンは大統領の座に座り続けることができます。

どうですか。最初に大統領になったのが2000年。途中首相の期間を挟んで、2024年まで24年間、四半世紀にわたってロシアのトップに君臨することになるのです。

プーチンは大統領を退任したあと、盟友のメドベージェフを大統領にして、大統領の任期を変えるというすごい技を使ったでしょう。

2018年3月の大統領選挙で当選した時に、ある記者が「大統領の任期は6年で、連続2期までと決まっていますが、3期までに憲法を変える予定はあるんですか」という質問を投げました。つまり、終身大統領を目指しているのではないですかと問いかけたのです。

プーチン大統領は、「100歳まで大統領を続けるとでも言うのか」と冗談で切り返し、「今のところ、考えていない」と答えました。今は、考えていないのでしょう。でも、あ

図表②—**ウラジーミル・プーチンのプロフィール**

年	年齢	できごと
1952	0	10月7日、レニングラードで生まれる。父は傷痍軍人で技師、母は工場勤務。父は共産党員で無神論者だったが、母は信仰心があつかった。祖父はレーニンやスターリンの料理人
1965	13	この頃、柔道を始める
1968	16	この頃、スパイに憧れ、どうしたらKGBに就職できるかを聞くためにKGB支部を訪れる
1970	18	レニングラード大学に入学し、法学を学ぶ
1975	23	大学卒業後、ソ連国家保安委員会（KGB）に勤務
1983	31	リュドミラ・シュクレブネワと結婚
1985	33	東ドイツ、ドレスデンに勤務
1990	38	ドイツ統一により帰国し、レニングラード大学に勤務（学長補佐官）
1991	39	ソ連崩壊。KGBを辞職し、大学時代の恩師の政治活動に参加
1992	40	サンクトペテルブルク（前年にレニングラードから改称）市の副市長に任命される（94年に第一副市長に）
1996	44	サンクトペテルブルク第一副市長職を退き、モスクワへ。ロシア連邦大統領府総務局次長に就任
1997	45	大統領府副長官、監督総局長に就任
1998	46	大統領府第一副長官さらに連邦保安庁長官に就任
1999	47	首相代行を経て首相に就任。その後、エリツィン大統領の辞任に伴い大統領代行に
2000	48	大統領選挙で当選
2004	52	大統領選挙で再選
2008	56	5月、統一ロシア党党首さらに首相に就任。8月、ジョージアと軍事衝突
2012	60	大統領選挙で当選、通算3選（ここから大統領の任期が6年に）
2014	62	2月、ソチ冬季オリンピック開催。3月、クリミア半島編入を宣言
2018	66	3月、大統領選挙で通算4選を果たす。6月、サッカーワールドカップロシア大会開催

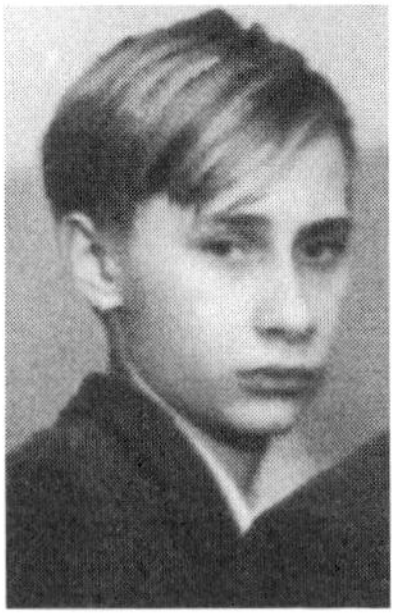

小学校時代
写真提供：Getty Images

連邦保安庁長官の時、エリツィン大統領と
写真提供：時事通信社

と4年ぐらいすると、もしかすると気持ちが変わっているかもしれませんね。

大統領選挙で、対立候補が姿を消していく

――ロシアの大統領選挙には、プーチン以外には有力な候補者はいなかったのですか？

立候補者は何人もいました。今回（２０１８年）の選挙でも、プーチン大統領を倒そうとした有力な指導者もいました。

しかし、有力な指導者は犯罪の容疑をかけられて逮捕され、有罪になってしまいました。ロシアの法律では、過去に罪に問われて有罪の判決を受けた人は、一定の期間選挙に立候補することができなくなるんですね。

――ロシアというと、暗殺がよく話題になりますが、そういう強力な対立候補は暗殺されたりしないんですか。

いい質問ですね。さらに数年前のことですが、非常に有力な野党候補がモスクワの市内で暗殺されています。勇気を持って野党から出馬しようという人が出てきますが、有力になると、何者かによって暗殺されるという事件が起きています。こうして有力な対立候補は姿を消していく。それがロシアの大統領選挙の実態です。

私の友人で佐藤優《さとうまさる》氏という作家がいます。彼は、元外務省の外交官です。ロシアに駐留して外交政策に携わっていたため、ロシア情報に精通しています。

彼が言うには、ロシアの選挙に、私たちの常識は通用しない。ロシアの選挙というのは、上から悪い候補者が降ってきて、それに対抗するとても悪い候補者と、どうしようもない候補者との決戦になるんだと。その3者の中から、仕方なく悪い候補者を選ぶ。それでも、選べるようになっただけいいのだと。

今回の大統領選挙でも、プーチン大統領が勝つことはみんなわかっていた。でも、プーチン大統領は、どうせ勝つなら圧勝したい。投票率も得票率も70％を超えることが目標でした。それまでの選挙では、この両方を同時に達成したことがなかった。とにかく投票率を上げようと、選挙に行けば抽選でアイフォーン（iPhone）やアイパッド（iPad）などいろんな景品が当たる一大キャンペーンがロシア中で行われました。

結果は、どうなったか？　得票率は70％を超えましたが、投票率は70％に届きませんでした。

ロシアにも、プーチンに対抗する勢力があります。今回の大統領選挙での投票所の監視カメラの映像が、その人たちによってユーチューブ（YouTube）に公開されています。

投票する人がいない時を見計らって、ひとりの人が何度も何度も投票していたり、投票所の選挙管理委員会の女性が、何票も票を入れたりしている映像があったのです。

全国で組織的な違反活動が行われたのですね。それでも、投票率は70％に満たなかった。ということは、プーチン大統領は、絶対的な権力者ではあるけれど、プーチンには投票したくない人が一定程度いるのだ、ということもわかりました。

ロシアから亡命した元スパイが暗殺された

２０１８年3月、イギリスのショッピングセンターでロシア人の男女が意識不明になっているという通報がありました。駆けつけた警察官も倒れ、意識不明になります。

調査の結果、ノビチョクという旧ソ連軍が開発した特殊な神経ガスが使われたことがわかりました。個々にはなんの危険性もないけれど、ふたつの液体を混ぜると毒ガスになるという特性を持っています。

どういう人物だったのか。男性の名前はセルゲイ・スクリパリ。もうひとりは彼の娘です。セルゲイ・スクリパリは、ロシアのＧＲＵの元スパイです。実はイギリスのＭＩ６との二重スパイで、ヨーロッパに潜伏しているロシアのスパイの名簿をイギリスに渡していました。セルゲイ・スクリパリのせいで、ロシアのスパイが次々と逮捕されます。ロシア当局の調査で、二重スパイであることがバレてしまい、2006年に禁固13年の有罪判決を受けます。

2010年に「美しすぎる女スパイ」がニュースになったのを覚えていますか？　ロシアのアンナ・チャップマンという美貌のスパイです。彼女はアメリカ人になりすまして、アメリカ国内でスパイ活動を行っていたのですが、ほかのスパイたちと一緒にFBIに逮捕されます。

アンナ・チャップマンはKGBの後継組織であるロシア対外情報庁のスパイで、いわばプーチン大統領の後輩にあたります。プーチン大統領は、彼女を救い出すためにスパイ交換という方法を使いました。

アメリカで逮捕されていたロシアのスパイと、ロシアが逮捕していた西側諸国のスパイを交換して釈放するという取り決めです。

アンナ・チャップマンらの釈放と引き換えに、アメリカに引き渡された中のひとりにセルゲイ・スクリパリがいました。

スクリパリはその後イギリスに渡り静かに暮らしていたところ、毒ガスによって命を狙われたのです。仲間は守る。裏切り者は絶対に許さない。それがスパイの掟なんですね。イギリスのメイ首相は明らかにロシアの仕業であると強く非難しました。ところがプーチン大統領は、ロシアは関係ないと相手にしません。

この事件の少し前にも、イギリスに亡命していたロシアの実業家が首吊り自殺しているのが発見されました。しかし調査の結果、自殺ではなく絞殺だと判明。その犯人についてもロシアの関係を疑い、同時に捜査が行われています。

２００６年にも、イギリスに亡命していたリトビネンコというＫＧＢの元スパイが暗殺されています。彼はプーチンを批判し、政権の悪事を告発したことで、命を狙われていました。

殺害に使われたのは、ポロニウム２１０という放射性物質です。ポロニウムはプルトニウムの生産を目的とした原子炉から取り出される物質です。核兵器をつくるための特殊な原子炉を持っている国はどこか。限られますね。

イギリスは、ロシアの元ＫＧＢのルゴボイが容疑者だと特定。ロシアに帰国していたルゴボイの引き渡しを要求しますが、ロシアは拒否します。

それればかりか、そのルゴボイ容疑者はロシア連邦議会議員選挙に出馬したのです。ロシアの議員には不逮捕特権があります。ルゴボイは当選し、ロシアの議員となっています。

こんな話をたくさん聞くと、プーチン大統領に逆らうとどんなことが起こるかわからない、すごく怖い国だというイメージを持ちますよね（ｐ52図表③）。

図表③—**ニュースになったロシアのスパイ**

スパイの名前	活動と経過	その後
アレクサンドル・リトビネンコ	元KGB。引退後、イギリスに亡命しプーチン政権を批判	2006年、放射性物質で殺害される
アンドレイ・ルゴボイ	元KGB。リトビネンコ殺害の容疑でイギリスが引き渡しを要求するもロシアが拒否	2007年、ロシア連邦議会議員に当選。不逮捕特権を得る
アンナ・チャップマン	ロシアのスパイ。アメリカで活動中に逮捕される	2010年、スクリパリとの交換で釈放され、ロシアに帰国
セルゲイ・スクリパリ	2004年、ロシアの情報をイギリスに渡していたことが発覚しロシアで逮捕され、2006年に禁固13年の実刑判決	アンナ・チャップマンとの交換で釈放後、イギリスに暮らすも、2018年、娘とともに何者かに襲われ意識不明の重体に

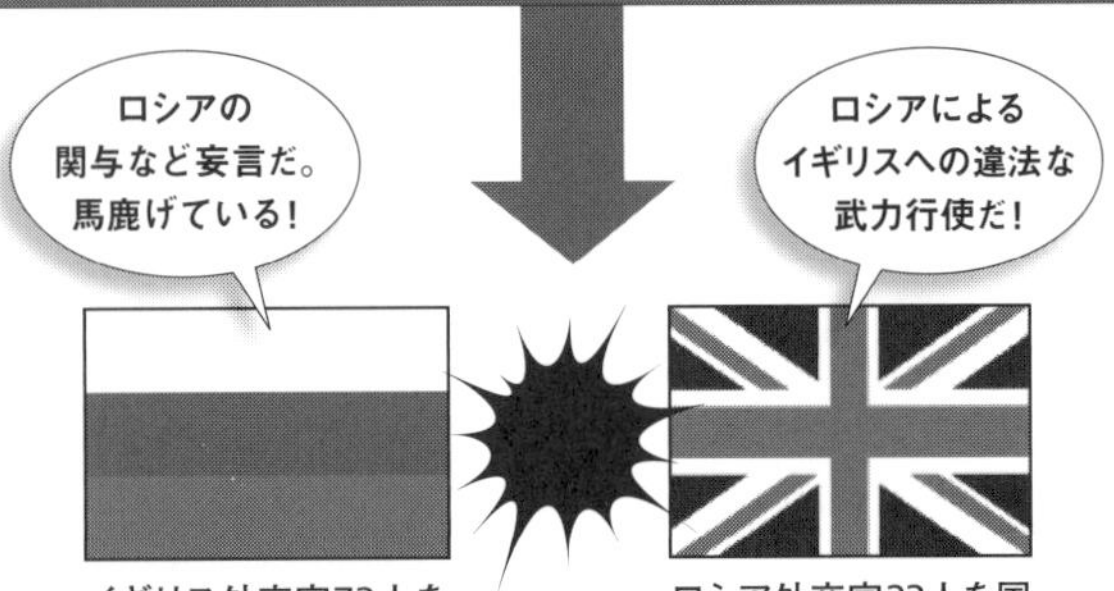
ロシアの関与など妄言だ。馬鹿げている!
ロシアによるイギリスへの違法な武力行使だ!
イギリス外交官73人を国外追放し、サンクトペテルブルクの総領事館を閉鎖
ロシア外交官23人を国外追放

「美しすぎる女スパイ」
アンナ・チャップマン | 写真提供: 時事通信

――容疑者を議員にして逮捕できないようにするのはわかります。でもロシアではそんなに簡単に議員になれるものなのですか？

いい質問です。そのとおりだよね。ルゴボイは正規の選挙を経て当選しています。リトビネンコを殺した人物だけど、有力な政党の比例代表の候補として立候補したので当選した。彼を守る人が大勢いたということだね。

ソ連とロシアを比較して、ソ連時代は、言論の自由はない。批判すると逮捕される。しかしロシアになってからは、言論の自由はある。批判をしてもかまわない。ただし命の保証はない。それが現在のロシアのひとつの側面です。

プーチン大統領は新しい帝国主義を目指す

――プーチン大統領は、なぜそこまでして大統領の座に居続けようとするんですか？

なるほど。そういう疑問も出てくるよね。

では、安倍晋三総理大臣は、どうして総理大臣を続けようとしているのだろうか。トランプ大統領も、なぜ大統領を続けようとしているのだろうか。ドイツのメルケル首相は、移民問題などで苦労をしながらなぜ10年以上も首相をやり続けているのだろうか。

政治家になる人は、みんな自分の国をよくしたいという思いがあるんです。さらにいえば、みんなそれぞれの愛国心を持っています。

プーチン大統領は、二度とよその国から侵略されないような強い国にすることが必要なんだ。それが私の責任なんだ。そういう思いを間違いなく持っている。強いロシアをつくるためには、大統領である自分が強い権力を持たなければいけない。

でも、権力に魅入られて、誤った方向に行ってしまうリーダーもたくさんいます。独裁的な権力を持つと、周りにはイエスマンばかりが集まります。

ロシアでも、プーチン大統領が自分に批判的な人物を殺せ、なんてあからさまに指示するはずはないでしょう。側近か誰かが勝手に忖度《そんたく》して、プーチン大統領に歯向かうやつはけしからんと、暗殺を指示している可能性はあるでしょう。

――プーチン大統領の目指す強い国とは、具体的にどんな国なんでしょう。つい軍事的に強い国を想像して怖くなってしまいます。

ソ連はかつて大国でした。その前のロシア帝国も世界に覇権を轟かせていた。プーチン大統領の中に、過去の栄光よ再び、という思いがきっとあるでしょう。

プーチン大統領の執務室には、初代ロシア皇帝ピョートル大帝の肖像画がかけられているともいわれています。現在のロシア国旗は、ロシア帝国時代の三色旗と同じものです。

写真②―サッカーワールドカップロシア大会の表彰式で優勝カップに触れるプーチン大統領。左はFIFAのインファンティーノ会長（2018年6月）
｜写真提供：共同通信社

もしかするとプーチン大統領は新しい帝国主義を目指しているのかもしれません。

——絶対権力者のプーチン大統領が亡くなったあと、ロシア国内は混乱するのではないですか？

それはとても大事な問題だよね。プーチン大統領が、自分よりもロシアのことを大切に考えていれば、必ずどこかで自分の後継者を決めるはずだよね。後継者をしっかりと教育して、ロシアが発展できるような仕組みをつくってから権力を譲る。

しかしプーチン大統領は、現時点では後継者を選んでいません。これからの6年間で後継者をきちっと決めるのか、決めないのか。それによって、プーチン大統領の本当の指導者としての資質が見えてくるのではないかと思います。

インテリジェンスとは何か

——アメリカやロシアには国のスパイ組織があると聞きました。日本にもスパイ組織はあるんですか。

日本で活動している外国のスパイはたくさんいます。たとえば、アメリカも中国もロシアも、たくさんのスパイを日本に送り込んでいます。

では、日本は海外にスパイを送っているのか。日本には、アメリカのＣＩＡやロシアの対外情報庁のようなスパイ組織はありません。

だからこそ、日本でも海外のさまざまな情報を収集し、一元的に管理する組織が必要ではないかという議論はあります。どの省庁が主導権をとるのかというところで、警察庁と外務省が主導権争いをしていてなかなか決まらない、というのが現状です。

ただし日本には、内閣情報調査室といって、海外から入ってきた情報を総理大臣にいち早く伝える組織はあります。

しかし内閣情報調査室が独自にスパイを海外に展開しているわけではないんです。アメリカのＣＩＡやイギリスのＳＩＳ（ＭＩ６）から情報を収集して総理大臣に届けている。

一方で、外務省から世界各地に派遣されている大使館員は、その国の情勢がどうなっているのか情報を収集して、日本に届けることも仕事です。結果的に、スパイのような役目をすることもある、ということです。

将来君たちは、さまざまな仕事に就くと思います。日本にいるか世界に出るかにかぎらず、これからはあらゆる場面で情報を収集し、それを分析する力がとても重要になってきます。

日本語では情報という言葉でひと括りにされているけれど、英語ではインフォメーション（information）とインテリジェンス（intelligence）にはっきり分かれているんです。

ＣＩＡは正式には、Central Intelligence Agencyです。それを日本では、中央情報局と訳していますよね。ＣＩＡのインテリジェンスとはどういう意味か？　インフォメーションとインテリジェンスは何が違うのか？

たとえば、世界中のスパイがどうやって情報を集めているかというと、98％はその国の新聞や雑誌、テレビからだといわれています。ＣＩＡやロシアの対外情報庁のスパイが日本で何をやっているかというと、目を皿のようにして隅から隅まで新聞を読んでいるのです。そうやって集めるのがインフォメーションです。

それをインテリジェンスにするためには、どうすればいいのか。たとえば、新聞には毎日、総理の一日の動きが出ています。安倍総理大臣がどこで誰と会ったのか、そこを読むとわかる。

日本が新しい外交政策を打ち出したというニュースがあったとします。総理の一日の情報を毎日トレースしていれば、２週間前のあの会合がキーになっているんだなと推測することが可能になります。

今日はなぜこの人と会っているのだろうと、引っかかったことがあれば、過去の同じような事例をトレースしてみる。すると、今後こういう政策を打ち出そうとしているに違いないと推測できるでしょう。

新聞に出ているのは単なる情報なんだけど、それを集めてほかの情報と照らし合わせ、独自の見通しをつくり出す。それがインテリジェンスなのですね。

将来、君たちが学者の道に進んでいったとします。ある学術専門誌に出ている論文と別の論文を結びつけることによって、まったく新しい発見が生まれることもあるのです。

企業に就職した場合も、先行するライバル企業のちょっとした情報をもとに独自のインテリジェンスを構築することで、市場を奪うことができる。

つまり、インフォメーションの蓄積を自分の中でインテリジェンスに昇華させる力が重要になってくるのです。

私は、毎日13紙の新聞に目を通しています。もちろん全紙全ページ読む時間があるわけがない。新聞をパラパラめくりながら主な見出しを眺めていると、ある見出しと別の見出しがつながって、新しい見方ができる。

ぜひ、みなさんも学校の勉強でさまざまな情報と情報を結びつけて、独自のインテリジェンスを磨き上げる、そういう力をつけていってほしいと思います。

第2章
「社会主義国家」から見るロシア

資本主義は不公平な格差を生む

東西冷戦時代、東側の中心だった国がソ連、正式には「ソビエト社会主義共和国連邦」です。国名に「社会主義」とあるけれど、ソ連時代の体制は、社会主義国だといわれることもあれば、共産主義国といわれることもある。いったいどっちなのだろう、と疑問に思うよね。

この疑問を解くために、まず始めに資本主義、社会主義、共産主義、民主主義、専制主義といった国の仕組みを表す基本的な用語について、おさらいしておこうと思います。民主主義や専制主義は、「政治の考え方」です。一方、資本主義、社会主義、共産主義というのは、「経済の仕組み」を表します。

Q 民主主義と専制主義の違いを説明できる人はいますか?

――**民主主義は国民が主役の国で、専制主義は王様が支配している国です。**

なるほど。いい線だけど、もう少し詳しく説明したほうがいいですね。国民が自由な選挙で自分たちのリーダーを選ぶことができる。そして政権をとっている政党が選挙で負けたら潔く政権の座から降りて、ライバルに政権を譲ることができる仕組み、これが民主主義です。

たとえば、アメリカでトランプ大統領が誕生した。暴言は止まらないし、人種差別発言もする。とんでもない政策を次々とやり始める。トランプ大統領は嫌だと思う国民が多数を占めると、次の選挙で落とすことができる。国民の力で政権を変えることができるわけだよね。

それに対して、独裁者や独裁的な力を持った人が国の実権を握っているのが専制主義です。王様がいるかどうかではないんですね。王様がいなくても独裁国家と呼ばれる国はあるでしょう。みなさんも、すぐに思いつくでしょう。

――**北朝鮮です。**

そうですね。ほかにも、中東やアフリカには独裁国家が多く存在しています。また王様のいる国の場合、王様が政治的な実権を握っている国は、専制主義。王様がいてもイギリスやスペインなどのように、民主主義の国もあります。

資本家が労働力を搾取する

次に、経済の仕組みのほうを説明しましょう。資本主義とは何か。「資本」というのは、たくさんのお金の集まりだと考えてください。つまり、お金を持っている人が自由に経済活動をして、お金を増やすことができる仕組み。これが資本主義ですね。

誰でも一生懸命がんばれば、お金を儲けてそれなりに豊かになることができるチャンスがある。その一方で競争に負けたら、失業して貧しくなる人も出てくる。成功してお金持ちになれるかもしれないけれど、失敗するリスクもある。それが資本主義です。

この資本主義を批判したのが、カール・マルクスです。19世紀のドイツの人で、資本主義がいかに非人間的な経済体制なのかということを分析しました。

Qマルクスは有名な本を書いていますが、その書名はなんでしょう？

——『資本論』です。

そうですね。では、そこにはどんなことが書かれていたのか。

一方にすごい金持ちがいて、もう一方には労働力しか提供することのできない人がいる。

すると、お金持ちが労働者を雇うという関係が発生します。

たとえば企業に就職する場合、当然労働契約を結ぶでしょう。そこには、「私は経営者の命令に従って、一日何時間働きます」つまり労働力を提供しますという内容が書かれています。労働力を提供して対価を得る。つまり、かたちのうえでは対等に契約が結ばれるわけです。

しかし現実はどうでしょう。思うような働き方ができなかったら、労働者はあっという間にクビになってしまうかもしれない。これでは主従関係です。また、経営者、つまり資本家は、労働者を安価に使って莫大な利益を得ることができる。結果的に、大変な経済格差が生まれてくる。

資本家は金儲けを考えますが、ある商品がヒットすると、いろんな企業が参入してきて、市場は同じような商品であふれかえる。結果的に過剰生産が起きて、ものが売れなくなる。そうすると、不況になって、多くの人が失業する。ますますものが売れなくなり、どん底の時代になる。

資本主義の国は、何度もどん底を経験してきました。たとえば、1929年の世界恐慌、1990年代前半の日本のバブル崩壊。記憶に新しいところでは2008年のリーマンショックなどがあります。

リーマンショックは、アメリカのリーマンブラザーズという金融機関の倒産をきっかけに、世界規模で発生した金融危機のことで、大不況になりました。

日本でも、自動車工場などで働いていた派遣労働者たちが、突然会社をクビになりました。工場で働いている間は住むアパートも提供されている。でも、派遣労働契約が打ち切られた瞬間、給料も住む場所もなくなる。その結果、多くの派遣労働者が住む場所を失い、寒空に放り出されました。

多くの人がホームレスになり、年末年始にかけて日比谷公園に「年越し派遣村」がつくられました。ボランティアが集まって、公園内にテント村をつくって炊き出しをして、ホームレスになった人たちを支援したのです。

手探りで始めた社会主義

大金持ちになる人がいる一方で、とんでもなく悲惨な思いをする人がいる。それが資本主義なのだと、マルクスは、『資本論』の中で分析しました。

資本主義は、人間を不幸にする仕組みである。資本主義を打倒しなければいけない。『資本論』の影響を受けた人たちは、そう考えます。そして資本主義に対する概念として、社会主義という考え方がつくられます。

ソ連で、社会主義を実現しようとしたのがレーニンやスターリンという人たちです。資本主義は悪だ。世界中から資本家を一掃しようと呼びかけ、それがやがて1917年にロシア帝国を崩壊させた「ロシア革命」へとつながるのです。

ロシア革命においては、労働者が主人公でした。資本家を打倒して労働者が天下を取る、理想の社会主義国家をつくるんだ、と蜂起。その結果、ロシア革命では、大勢の資本家が殺されました。そうして誕生したのがソ連です。

では、社会主義とはどういうものなのか。実は、マルクスやエンゲルスは、資本主義がいかに非人道的な制度なのかは分析しましたが、社会主義はどうあるべきかについては、ほとんど論じていないのです。

資本主義が進んでいくとごく少数の資本家が富を独占し、貧富の差はさらに激しくなる。これに不満を感じるエネルギーが労働者たちに蓄積され、それはやがて爆発する。労働者たちはみんな共に働いていた仲間です。つまり、大多数の労働者による組織化された力が社会主義革命を起こすのです。

『資本論』に書かれているのは、そこまでなんですね。その先にやってくる社会主義の世の中がどんなものなのかは具体的に書かれていなかったのです。

レーニンやスターリンは、とにかく資本主義は否定する。でもその先の社会主義については自己流に考え、手探りでつくり出していくしかなかったのです。

共産主義はユートピアを目指す

――ソ連は社会主義の国なのに、政府はソビエト共産党と呼ばれるのはなぜですか？

いいところに気がついたね。この章の最初に、社会主義と共産主義の違いがわからないという話になりました。ではその疑問に答えていきましょう。

マルクスによると、自由経済によって貧富の差が生まれ、最終的に人間が不幸になるのが資本主義です。だからみんなが平等に暮らせる幸せな社会をつくろうと考えられたのが社会主義です。

では共産主義とは何か。社会主義のその先にある理想郷です。ひと言で言えばユートピアなんですね。社会主義の国であるソ連や中国は、将来的には共産主義を目指しているのです。

ソビエト共産党、中国共産党、日本にも日本共産党があります。共産党というのは、世の中を共産主義という理想社会に持っていくためにがんばります、という政党と考えればいいでしょう。

　もう少し詳しく説明しましょう。社会主義のもとでは、計画経済が行われるため、過剰生産が起きなくなります。余計な競争もなくなります。ライバルを蹴落として自分だけ儲けようとする人はいなくなります（図表④）。

　そうすると、資源を有効に活用できて、みんなが豊かになっていく。さらに豊かになっていくと、もうさらに豊かになりたいなんて思わないですむようになる。誰もが豊かで、幸せになる。そうすると、犯罪もなくなり、戦争もなくなる。

　なぜ犯罪が起きるのかというと、金持ちと貧乏人がいるからだ。より豊かになろうという国同士が資源を奪い合うから、戦争が起こる。世界中の国が共産主義になれば、戦争が

図表④—**ソ連の社会主義経済**

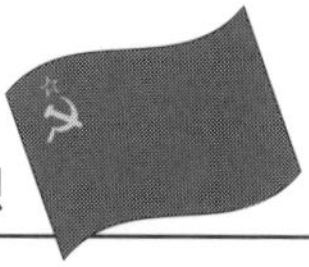

ソ連が目指した3つの理想

ウラジーミル・レーニン
写真提供：時事通信社

- 企業は個人の所有物ではなく、国家のもの。そうすることで資本家による労働者の搾取がなくなる。
- 経済はすべて計画的に行われる。専門家が計画を立て、それに基づいて商品は生産・販売されるので過剰在庫、売れ残り、品不足は起こらない。不況や恐慌は起きず、失業者も生まれない。
- 利潤を追い求めるのではなく、社会に利益を与えるために生産する。企業秘密はなくなり、知識や技術は企業間で共有され、経済発展につながる。

なくなる。国境がなくなる。世界がひとつの国となる。やがて理想的な共産主義が実現する、という考え方です。

現実には、そんな理想的な社会は存在しません。共産主義はユートピアだといわれるゆえんです。

共産主義国家という使い方をする人がいます。でも共産主義は、最終的には国家が存在しない状態のことだから、形容矛盾なんですね。社会主義国家はありますが、共産主義国家はないんです。共産主義を目指している国家と考えればいいのかもしれません。

世界中の国々がソ連に軍事介入した

資本主義だと、なぜ不況になり大勢の人が失業するのだろう。それは自由競争をすることによって、過剰生産が起きてしまうからだ。すべての企業を国有化し、計画生産にすれば、過剰生産は起こらない。商品を過剰につくるということは、結局資源を無駄遣いしていることになる。最初から資源を何に使うか、きちんと考えて計画を立てれば、資源の無駄遣いはない。そうすれば、必要な商品だけをつくることができ、それがすべての人々に行き渡る。素晴らしい考えだ——。ソ連政府の指導のもとで、計画生産が始まりました。

企業はすべて国有化し、経済五か年計画をつくります。国有企業の社員ということは、労働者は全員公務員です。失業することはありません。労働者にとっては天国のような状態です。

ソ連の社会主義はレーニンたちが手探りでつくり出していったと言いましたが、当時世界中で社会主義の国になったのはソ連だけでした。ソ連が世界初の社会主義国家だったのです。

周辺の資本主義の国は、いったいどんな国になるのだろうと警戒します。資本家を殺してしまえ、などという暴力的な国が力をつけたら、いろんな国で社会主義革命を起こすかもしれない。

ソ連は、まだできたばかりの国です。今のうちなら打倒することができる。そう考えた欧米の列強が、共同出兵を提唱し、日本も加わってソ連に軍事介入します。これが「シベリア出兵」（１９１８～22年）で、社会主義国のソ連を潰そうとした軍事行動です。ソ連は資本主義諸国からの軍事介入に耐え、なんとかそれらを跳ね返すことができました。

ところが他国からの攻撃を受けたソ連は、周辺諸国に対して大変な恐怖心を抱くようになります。ソ連は、世界中から狙われている。資本主義国のスパイが我が国に入ってくるのではないか。資本主義の思想に染まった者が、社会主義反対を叫ぶのではないか。そう考えるようになります。

Q 資本主義諸国から社会主義を守るために、ソ連はどんな対策をとったのでしょう？

――侵略されてもびくともしないほどに軍事力を強化した。

軍事力も必要だね。でも、社会主義という新しい思想のもとで国ができたばかりでしょう。国民たちも、まだまだ疑心暗鬼かもしれない。

そこでソ連政府は国民の思想をコントロールする必要があると考えます。ここからソ連では言論統制が始まり、言論の自由が失われていきました。

結果的に国民の自由がなくなって、専制主義の国になっていきました。ソ連や中国の体制を見て、社会主義イコール専制主義と捉えがちなのですが、そうではないということです。

たとえば、北欧諸国のスウェーデン、フィンランド、ノルウェー、デンマークなどは、社会民主主義という体制をとっています。なるべくみんなが平等に働けるような社会主義がいいけれど、言論の自由は守ろうという考え方ですね。

社会民主主義では、アメリカのようなむき出しの資本主義を否定します。しかし専制主義ではなく、民主主義が大切だと考えます。

日本と同じように普通選挙が行われ、もし社会民主主義の政党が選挙で負けたら、政権の座からは降りますよという、民主的な仕組みになっています。

――社会民主主義をとっている北欧の国で、福祉が充実していることは知っています。でもソ連のような計画経済を推進しているイメージがありません。

なるほど。私の説明が不十分だったね。北欧の社会民主主義は、社会主義の理想を追求しているわけではありません。資本主義の欠点をなんとか社会主義的に補って、互いのよいところを取り入れていこうという考え方なんです。

――社会主義と民主主義のいいとこ取りで、理想的に思えるのですが欠点はあるのですか？

残念ながら理想の政治体制というのは、どこにもないんですね。何かを得ると何かが失われる。高福祉社会といわれるスウェーデンでは、税金や社会保障などの国民負担が所得の約9割だったことがあります。働いても、ほとんど税金で持っていかれる。それなら生活保護を受けたほうがいい。社会福祉が充実しているのだから、働かないほうが得だ。みんなが働かなくなって、経済成長が落ち込んでしまいました。

そこで、現在では税額を下げて、福祉と経済成長のバランスを取っていますが、それでもスウェーデンの国民は日本よりはかなり高い税金を払っています。

一方で、資本主義の国がみんな民主主義かというと、決してそうとはかぎりません。現在の韓国は民主化されていますが、かつては軍事独裁政権だった時代があります。大統領の悪口を言うと逮捕され、拷問にあって死体で帰ってくるようなこともありました。

日本も明治以降は、資本主義です。しかし戦前のように軍部が政治を掌握していた時代もあります。経済の仕組みと政治体制は分けて考えないといけません。

言論の自由が奪われた

ソ連の場合は、社会主義を目指した結果、言論の自由が奪われていくことになります。ソビエト共産党を批判するだけで、すぐに逮捕されてしまう。スターリンの時代、少なくとも800万人を処刑もしくは強制収容所に入れたといわれています。さらに多く1200万人から1500万人という説もあります。

しかし、そういう非民主主義的な振る舞いが資本主義国から非難され始めます。さすがにそれはまずいだろうと思ったのでしょう。ソ連時代の末期には、批判しただけで逮捕という厳しい取り締まりは行われなくなります。では、どうしたのか。ソ連の体制を批判すると、精神科病院に送られるようになりました。

それにはそれなりの論理がありました。社会主義のソ連では、失業もない、不況もない、みんな安心して生活ができる。労働者にとっては、理想の国だ。そんなソ連のことを批判する人は、精神疾患に違いない。ちゃんと治療しなければならない。そういう理屈で、病院に送られたのです。

そして、ソ連では政治的な批判をしたからといって捕まることはありません。我が国に政治犯はいません、と言い始めます。

ここでちょっと話が脱線しますが、専制主義のもとで言論の自由が否定され息苦しい生活を送っているうちに、市民の間では政治風刺が行われるようになりました。ロシア語で「アネクドート」という自虐的な小話が、市民の間に広がっていきました。

たとえば、ソ連の人とアメリカの人が、いかに言論の自由が保障されているかを自慢し合います。「アメリカには、言論の自由がある。ホワイトハウスの前に行って、アメリカの大統領はバカだと言っても、逮捕されない」。するとソ連の人が、「それは我が国もまったく同じだ。クレムリン（政治の中心）の前で、アメリカの大統領はバカだと言っても逮捕されない」（笑）。

スターリンのあとにソ連のトップの座に就いたフルシチョフの時代にはこんなアネクドートが広がりました。

「フルシチョフはバカだって言ったやつが捕まったそうだ」「えっ、名誉棄損で捕まったのか?」「いや、国家機密漏洩罪《ろうえいざい》で捕まった」(笑)。こういう小話がたくさんつくられました。政治的に自由に発言できなくなると、庶民は小話でそれを笑い飛ばすくらいのことをしないと、やっていられないんでしょうね。

しかしソ連が崩壊し、ロシアになってからは、エリツィン大統領のもとで言論の自由が保証されました。何を言っても、逮捕されない、殺されもしない。

ソ連の時代には、新聞やテレビもソビエト共産党の宣伝媒体です。自由な報道はありませんでした。しかしロシアになると、西側諸国と同じように報道も自由になり、さまざまな新聞が生まれます。そうすると、アネクドートはすっかり下火になりました。

なんでも自由に言えるようになると、抑圧された中でのひねくれた自虐的なジョークは生まれにくいのです。アネクドートがもてはやされるような社会は、実は健全ではないといえます。

15の共和国がソ連を構成した

ここからは、世界初の社会主義国家、ソ連の歴史をひもといていきましょう。

ソ連の前は、長くロシア帝国がありました。初代皇帝のピョートル大帝が即位した18世紀から、20世紀初頭まで続いた皇帝による専制国家です。

しかし度重なる戦争で、ロシア帝国は弱体化していきます。そして1905年、日露戦争のさなかに、第一次ロシア革命が起こります。

社会主義の考え方が広まり始め、不満が溜まっていた労働者たちが立ち上がったんですね。日露戦争に敗れ、ロシア帝国はさらに混乱していきます。

1917年には、二月革命と十月革命が続いて起こり、最後のロシア皇帝ニコライ2世は退位。のちに射殺されます。この社会主義革命で指導的立場にいた人物のひとりがロシア社会民主労働党を率いていたウラジーミル・レーニンです。

社会民主労働党はのちに分裂しますが、多数派は革命後に共産党と名前を変え、ソ連の基礎を築いていきます。

Q ソビエトとは何を意味する言葉か知っていますか?

――ロシア語で「評議会」という意味です。

よく知っていましたね。では「評議会」とはなんだろう?

――??

１９０５年の第一次ロシア革命の時に、反政府運動に押された皇帝が、ドゥーマ（議会）の開設を認めます。議会を開くということは、国民の代表である国会議員を選ぶ選挙が行われるということです。

ところがレーニンは、議会などでは生ぬるい、戦う労働者と兵士たちによる評議会（ソビエト）をつくり、社会主義を実現させるのだと、人々を扇動します。

これによって、ロシア各地に評議会がつくられます。それぞれの評議会に基づいて社会主義の共和国がつくられました。

共和国は専制君主のいない国。つまりロシア皇帝を打倒したあとに、各地の評議会がつくった共和国が集まってできたのが、ソビエト社会主義共和国連邦です。

具体的に言うと、ロシア、白《はく》ロシア、ウクライナ、モルドバ、ジョージア（当時はグルジアと呼んだ）、アルメニア、アゼルバイジャン、カザフ、ウズベク、トルクメン、キルギス、タジク、エストニア、ラトビア、リトアニア。ソビエト社会主義共和国連邦は、この15の共和国から構成されていました。

建前上は、15の共和国すべて平等の立場で連邦を組んでいることになっていましたが、事実上は最大の国、ロシア連邦共和国がソ連を支配していました。

Q この仕組みは、どこかの国と似ていると思いませんか？

――**アメリカと同じようです。**

実はアメリカと似た仕組みなんだね。アメリカの正式名称は、United States of Americaでしょう。日本ではStateを州と訳していますが、国という意味なんです。50のStateが集まってできた国。それがアメリカです。敵対したふたつの大国が、同じような仕組みの国だというのもなんだか皮肉ですね。

ソ連のトップに、独裁者が君臨した

1917年のロシア革命で政権を握ったロシア社会民主労働党（のちの共産党）は社会主義の理想に燃えるレーニンが率いていました。しかし1924年にレーニンが死亡。後継者に選ばれたのがスターリンです。

スターリンはロシア語で「鉄の男」という意味です。党で活動するための名前です。本名はヨシフ・ヴィサリオノヴィッチ・ジュガシビリ。レーニンとともに、ソ連の成立に深く関わった実力者です。

スターリンはレーニン時代に側近となり、1922年、共産党の書記長に就きました。書記長は事務方のトップです。スターリンのところには、あらゆる情報が集まってきます。それを利用して、ライバルたちを次々と蹴落としていったのです。

　スターリンがレーニンの死後も書記長職にとどまったまま絶対的権力を握ったため、書記長は社会主義国での共産党のトップ、つまり国家の最高指導者の呼称となりました（図表⑤）。ちなみに、ソ連の影響を受けて社会主義国家となった中国のトップは「総書記」、北朝鮮では「第一書記」と呼ばれています。

　共産党のトップに立ったスターリンは、とんでもない独裁者でした。怖い国ソ連、

図表⑤―**ソ連の政治構造**（1945年以降）

｜出典：『ソ連＝党が所有した国家』（下斗米伸夫著）を参考に編集部で構成

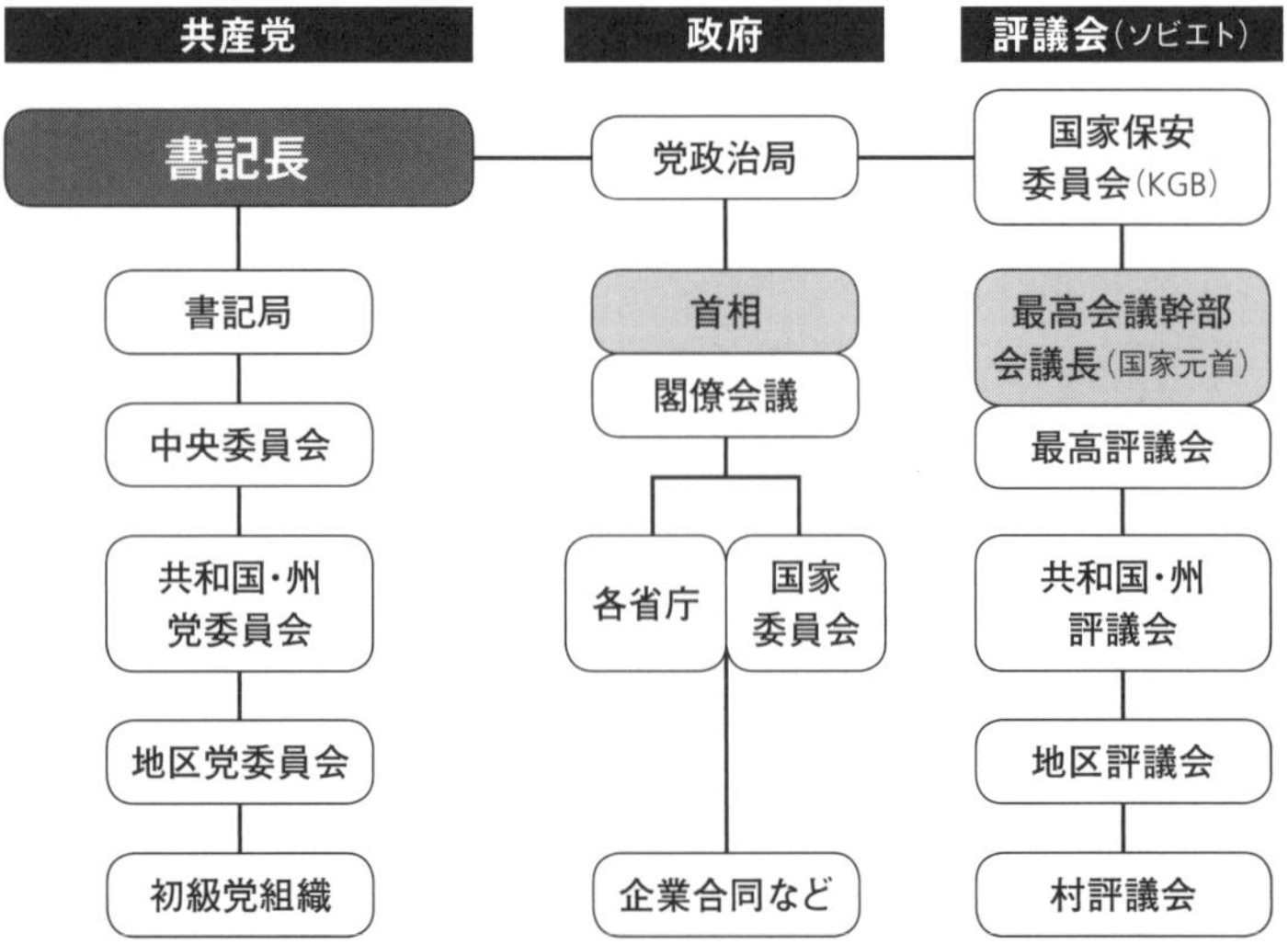

というイメージは、スターリンによってつくられたといっても過言ではありません。スターリン時代の出来事については、あとで詳しくお話しします。

さて、ソ連ができたばかりの頃、経済は好調でした。1年間に、車は何台つくるのか、本は何冊つくるのか、シャツを何着つくるのか、すべて国が計画を立てる計画生産です。

そして、計画生産のためには鉄は何トン必要か、木材は何トン切り出すのか、さらに繊維をつくるための綿花は年間どれだけ育てればいいのか。すべてあらかじめ決められた計画に沿って生産が進みます。

最初のうちは過剰生産がないから、在庫を抱えた企業が倒産することもない。誰かが失業することもない。ソ連は、素晴らしい国だというイメージが広がっていきます。

ソ連のような社会主義の国をつくりたい。世界のあちこちで社会主義の勢いがどんどん広がっていくことになります。社会主義の台頭に大変な危機感を持ったのが、アメリカやイギリスなどの資本主義諸国です。

前に「シベリア出兵」のことを話しましたが、ソ連は資本主義国の介入を受け続け、第二次世界大戦を迎えることになるのです。まさにスターリンの時代は、戦争の時代でもあったのです。

鉄のカーテンが降ろされた

第二次世界大戦でドイツの敗北が決定的となった1945年2月、戦後の秩序について話し合うため、イギリスの首相チャーチルとアメリカ大統領ルーズベルト、そしてソ連の共産党書記長スターリンが、クリミア半島の街ヤルタに集まりました。いわゆる「ヤルタ会談」が行われたのです。

東ヨーロッパはソ連が占領し、西ヨーロッパはアメリカやイギリスが占領する、という戦後の秩序が決められます。

その時にヨーロッパはそれぞれの国が占領するけれど、いずれ各国で民主的な選挙を実施し、その国の人々による自主的な民主主義の国をつくりましょうと、三者で約束しました。

この約束に基づいて、オランダ、ベルギー、デンマーク、フランス、イタリア、スペイン、ポルトガルの西ヨーロッパの国々では民主的な選挙が行われました。

ところが、ソ連のスターリンは約束を守りません。第二次世界大戦でドイツの侵攻を受けてソ連はひどい目に遭った。そのトラウマから、ソ連と国境を接する向こう側には自分の言うことを聞く国をつくらないと不安で仕方がない。これは、プーチン大統領も同じですよね。

また将来、戦争が起こるかもしれない。そう考えてスターリンは東ヨーロッパを緩衝地帯にしようと考えました。そうすれば、イギリスやアメリカと戦争をすることになっても、戦場になるのは東ヨーロッパです。直接ソ連には被害が出ない。こうして東ヨーロッパに、ソ連寄りの国が次々に生まれます。

ソ連は、東ヨーロッパの国々を全部ソ連型の社会主義の国にしていきます。つまり、専制主義の社会主義です。東ヨーロッパでは、言論の自由、表現の自由がなくなってしまいました。

Q 東ヨーロッパの状態を指して、ある有名な言葉が生まれました。知っていますか？

──「鉄のカーテン」です。

そうですね。誰が言った言葉かも知っていますか？

──チャーチルです。

２０１８年３月に『ウィンストン・チャーチル　ヒトラーから世界を救った男』という

映画が日本でも公開されました。日本人の特殊メイクアップアーティストがアカデミー賞を受賞したことでも話題になりましたよね。

この映画を見ると、チャーチルの指導力によってイギリスは第二次世界大戦を耐え抜くことができたんだということがわかります。ところがドイツが降伏したあとの選挙で、チャーチル率いる保守党は労働党に敗北します。

チャーチルは戦時のリーダーとしては優秀だけれど、平和の時代にはそぐわない。そう考えたイギリスの国民はチャーチルをお払い箱にするんですね。

1946年、暇になったチャーチルは、招待を受けてアメリカ各地の大学で講演

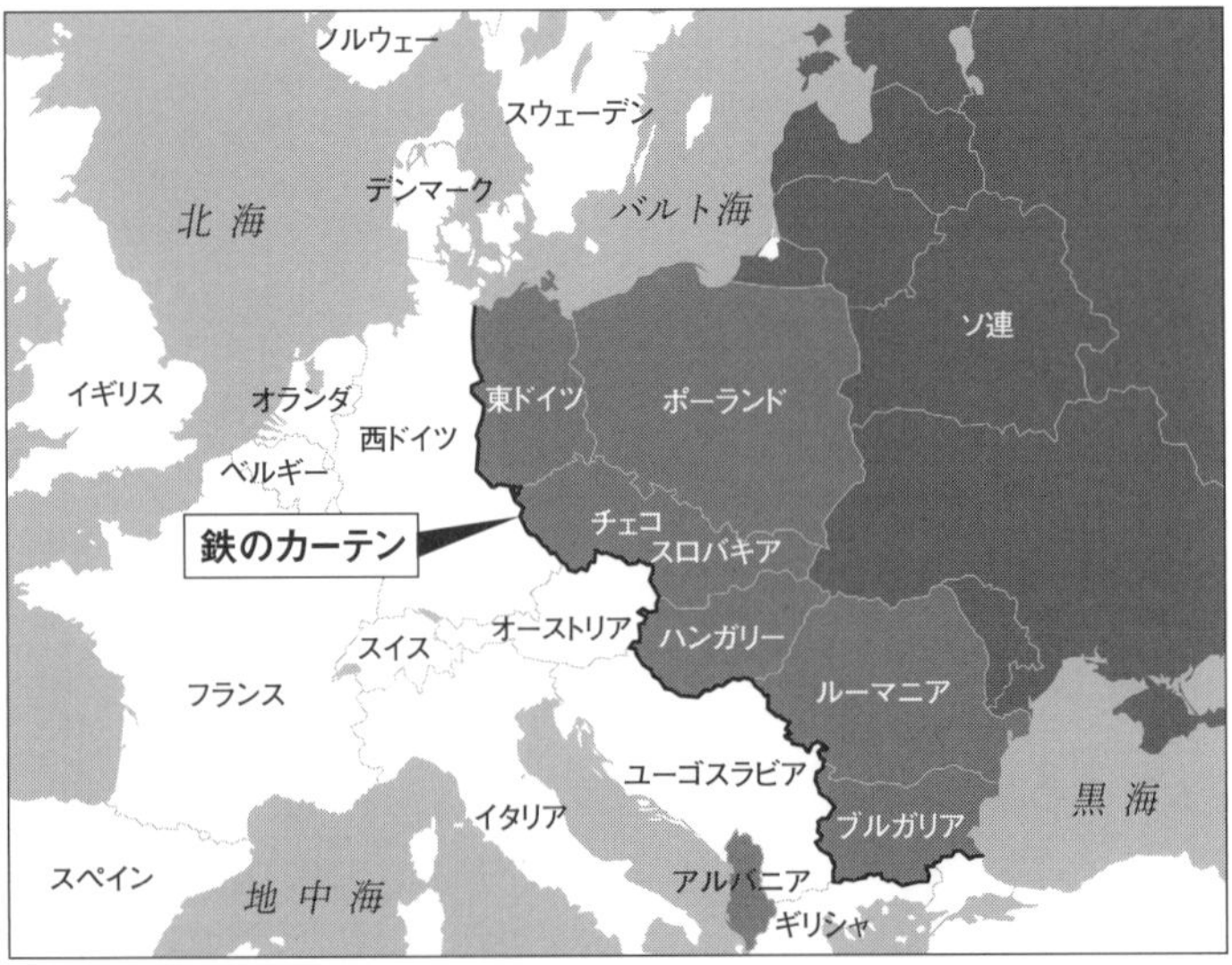

地図②—**鉄のカーテンで二分されるヨーロッパ（1995年頃）**
ソ連と薄いグレーの7か国はワルシャワ条約機構加盟国

をして回ります。その時に、歴史ある東ヨーロッパの国々はソ連に支配されたことによって、鉄のカーテンの向こう側に隠され、一切、様子がわからなくなった。ヨーロッパ大陸を横切る鉄のカーテンが降ろされた（地図②）。そういう内容の話をしました。これが「鉄のカーテン」の由来です。そして、東西冷戦の時代へ入っていったのです。

恐怖政治が行われた

スターリンは1953年3月5日、脳卒中で亡くなります。スターリン政権は30年にも及びました。その長期政権下でいったいどんなことが行われていたのか、白日のもとにさらされる時が来ます。

スターリンの死後、マレンコフが指導者の座に就きますが、共産党内の権力抗争によってわずか9日間で失脚。フルシチョフにその座を譲ります。

フルシチョフは、1956年2月のソ連共産党大会で秘密報告をします。いわゆる「スターリン批判」です。その会議自体が非公開だったため、当然、内容は極秘とされていましたが、出席した東ヨーロッパの共産党の内部情報をイスラエルの情報機関モサドがつかみ、アメリカに伝えました。その報告は驚くべき内容でした。スターリン政権下で行われ、ずっと秘密にされてきた粛清や処刑の数々が明らかになったのです。
スターリンが共産党トップの書記長だった１９３４年に開催された党大会で選ばれた党中央委員会の委員と委員候補１３９人のうち98人が逮捕され、銃殺されました。
さらに代議員１９６６人のうち１１０８人が「人民の敵」というレッテルを貼られ逮捕されます。秘密裁判の結果、全員に死刑判決が言い渡され、すぐに処刑されました。
スターリンは極度に疑い深い性格でした。部下であろうと、腹心であろうと、自分の敵に見えたら最後、容赦なく処刑したのです。

――いわれなき理由で処刑されるなんて、理不尽です。みんな裁判で弁解できなかったのですか？

絶対的な独裁政権で恐怖政治が行われています。裁判官だって、いつ処刑されるかわからないでしょう。裁判所もスターリンの言いなりです。
さらに悲しいことには、処刑された共産党員たちの中には、自分たちの罪を受け入れた人も多くいたのです。

――なぜ、そんな理不尽を受け入れることができたんですか？

民主主義の世の中に生まれた君たちは、そう思うだろうね。しかし、当時のソ連はソ連流の社会主義の理想に向かって進んでいるとみんな信じていたんですね。だから「党は常に絶対に正しい」と思い込んでいた。いわゆる洗脳状態になっていた人も多かったのです。

スターリンの猜疑心《さいぎしん》は、市民にも及びます。誰もが寝静まった深夜、ドアをノックする音が聞こえるので出てみると、そこには秘密警察が立っている。そして、その家の人を有無を言わさず連行していくのです。連行された人は二度と帰ってくることはありません。

いつものように生活していたら、突如連行されて処刑される。もしスターリンや党の悪口をつぶやいて、それを誰かに聞かれたら、間違いなく殺される。国民はもう何も言えない。何もできない。独裁者はまず、何も言えない状態をつくるのです。

「農業集団化」が食料不足を引き起こした

さらに、スターリンは農業政策で大失敗をしています。もちろん本人は失敗だと認めませんでしたが。

それが、1929年から始めた「農業集団化」です。ロシア革命以後、ソ連は重工業を重視した経済政策をとります。社会主義の素晴らしさを世界に知らしめるためだといわれています。

その犠牲になったのが農業です。農産物の価格は安く抑えられます。農家は農産物の出し惜しみを始めました。

スターリンは、個々の農家がそれぞれ作物をつくるのをやめさせて「農業集団化」を推進します。全員を集団農場に集めて働かせ、収穫した作物を国家に収めさせるというやり方をしました。

さらに、農業がうまくいかないのは、富農がいるからだ、富農は資本家だとみなされ、農業でも社会主義を徹底するために富農を絶滅させることが決定されます。この時900万人近い農民が農地を奪われ、その半数が処刑されました。

土地も家畜も取り上げられ、集団農場での農業が始まりました。するとどうなったか。

Q 集団農場で働く農民たちに何が起きたか、わかる人？

――工場の計画生産と同じだとしたら、働いても働かなくても同じです。農民たちは仕事をしなくなった。


そのとおりなんですね。朝から夕方まで、決められた時間に農場に行って働けば給料がもらえます。しかもそこは自分の農地じゃない。つくった作物も自分のものにはならないのです。

農業は自然が相手です。雨の日もあれば、日照りの時もある。雪や霜の被害もあります。

自分の農地なら、何かあれば早朝でも深夜でも飛んで行って手当てします。ところが集団農場では作業時間以外、誰も農地に出て行きません。

農地は荒れ、農業の生産性が極度に悪くなります。あとでまた話しますが、豊かな農地を抱えていたウクライナの集団農場（写真③）でさえも、農民が餓死するような状態になりました。

「農業集団化」の失敗は、その後、長期にわたってソ連の食料不足を引き起こします。ソ連は崩壊するまで、常に食料不足に悩まされ続けることになりました。

広大なソ連には、いろんな民族が暮らしていて、少数民族も多くいました。

スターリンは、少数民族たちが固まって暮らしていると将来ソ連からの独立運動を始めるかもしれないと考えます。

写真③—ウクライナの集団農場での収穫の様子（1972年）｜写真提供：時事通信社

標的となった民族のひとつが、ソ連南西部の山岳地帯に暮らしていたチェチェン人です。チェチェン人たちは、中央アジアのカザフ共和国（現在のカザフスタン）に強制的に移住させられます。スターリンの死後、元いた場所への帰還を許されましたが、チェチェン人のソ連に対する不信感は強く残ります。その後、ロシアからの独立運動が起こり、制圧のため介入したロシア軍との間で紛争が繰り広げられました。運動はプーチンの指揮のもとに鎮圧されますが、紛争は現在も続いています（p42図表①）。

ほかにも、クリミア半島のタタール人など多くの民族が、住み慣れた土地を奪われ、東方へ強制的に移住させられました。こうして強制移住させられた人たちは、３００万人を超えるともいわれています。

こうして見てくると、スターリン独裁下で行われた悪政、失政の数々が今も尾を引いていることがよくわかります。

ソ連は老人が支配する国だった？

Q フルシチョフは自らを書記長ではなく、第一書記と称しました。なぜだかわかりますか？

――新しい権力者としてアピールしたかったから。

君の意見はフルシチョフの本心に近いかもしれないね。「書記長」というと30年にわたってその座に君臨した独裁者スターリンのイメージが強すぎると思ったんだね。スターリンとは違うのだという姿勢を見せるために「第一書記」という呼称を使ったのです。

そのフルシチョフも、その後ブレジネフとの政権争いに敗れ、表舞台から姿を消します。在任期間は約10年でした。

続くブレジネフは、18年にわたる長期政権を築きます。ブレジネフも絶対的指導者として君臨しますが、ソ連経済の停滞を招きます。

ブレジネフ時代の停滞期を皮肉ったアネクドートがあります。

「社会主義」という列車が走っていると、急に止まった。レーニンが外を見ると、レールがない。レーニンは、乗客に呼びかけて、みんなでレールを敷いた。スターリンは、鉄道関係者を全員粛清した。ブレジネフは、窓のカーテンを全部閉めて車両を揺らし、列車が動いているように見せかけた。

ここまで来ると、もう笑うにも笑えない小話ですね。

ブレジネフの死後、アンドロポフ、チェルネンコという老人が書記長になります。それぞれ68歳と72歳での就任です。就任後、アンドロポフは1年半、チェルネンコは1年で亡くなります。第1章のプーチン大統領のところでも話しましたが、ロシア男性の平均寿命は短い。今の日本から見たらまだまだ活躍できる年齢ですが、十分、高齢だったのです。

スターリンもブレジネフも、一度、権力の座を握ったら放さない。長期独裁政権下では、後継者も高齢化していき、国の衰退につながっていくのです。

その後登場したのが、若き期待の星ミハイル・ゴルバチョフです。1985年3月に共産党書記長に就任、54歳でした（図表⑥）。使命に燃えた若きゴルバチョフは、ソ連を立て直すために改革を行います。ゴルバチョフの改革についてはこのあとの第3章でお話しします。

数年前、ゴルバチョフにインタビューしたことがあります。改革に燃えていた書記長時代は威風堂々としてかっこよかった。でも、あれから約30年の時が過ぎています。

時折キラリと鋭く目が光りますが、見た目はでっぷり太ったロシアの田舎のおやじさんのようで、ちょっとがっかりしたことを覚えています（笑）。

――今、ロシアの国民は、自国の社会主義について、どういうふうに感じているのでしょう？

ソ連の時代は社会主義でした。しかしソ連が崩壊してロシアになった時に、社会主義を放棄したんですね。現在のロシアは、資本主義なんです。しかしソ連の時代の専制主義は

図表⑥―**ソ連・ロシアの歴代指導者**｜写真提供：すべて時事通信社

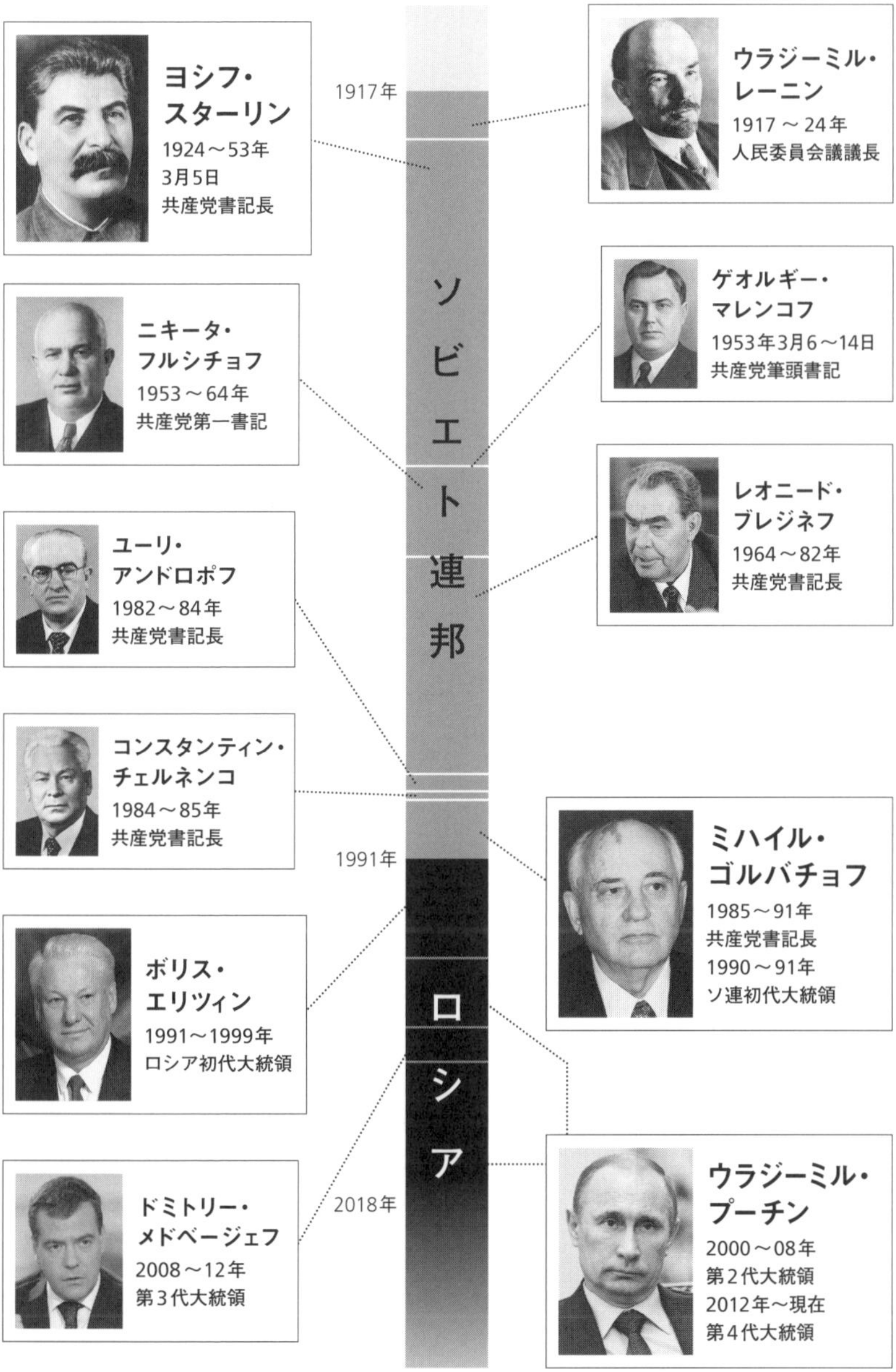
1917年
ウラジーミル・
レーニン
1917～24年
人民委員会議議長
ヨシフ・
スターリン
1924～53年
3月5日
共産党書記長
ソビエト連邦
ゲオルギー・
マレンコフ
1953年3月6～14日
共産党筆頭書記
ニキータ・
フルシチョフ
1953～64年
共産党第一書記
レオニード・
ブレジネフ
1964～82年
共産党書記長
ユーリ・
アンドロポフ
1982～84年
共産党書記長
コンスタンティン・
チェルネンコ
1984～85年
共産党書記長
ミハイル・
ゴルバチョフ
1985～91年
共産党書記長
1990～91年
ソ連初代大統領
1991年
ロシア
ボリス・
エリツィン
1991～1999年
ロシア初代大統領
ドミトリー・
メドベージェフ
2008～12年
第3代大統領
2018年
ウラジーミル・
プーチン
2000～08年
第2代大統領
2012年～現在
第4代大統領

残ってしまった。

　言論の自由も、表現の自由もないソ連時代の専制主義については、今の若者たちはまっぴらごめんだというでしょう。でも、その一方で、高齢者やロシアの田舎に住んでいるような、弱い立場の人にしてみれば、ソ連の時代はよかったと言うかもしれません。

　みんな均等に貧しかった。しかし社会保障が充実して、きちんと年金がもらえた。物価はものすごく安かった。そして、みんなダーチャ（写真④）と呼ばれる別荘を持つことができたんです。ほんとに小さなものですが、モスクワの中心部でアパートに暮らしている人も、週末は郊外のダーチャで家庭菜園をつくることができた。あの時代のほうがよかった、と思っている人たちも大勢いるのです。

宗教を否定する社会主義

　ソ連の社会主義と宗教の関係についても少し触れておきましょう。

　ロシアの宗教はキリスト教の東方正教会の流れをくむロシア正教会です。もちろん、ほかの宗教を信じている人もいます。中央アジアのカザフスタンやウズベキスタンなどでは、イスラム教が中心です。

社会主義や共産主義は、本来、神を否定しています。マルクスは、「宗教はアヘンだ」と言いました。どういうことでしょう？

資本主義社会で貧しい労働者は、現世では救われなくても、死後救われる天国があると信じて現実を容認してしまう。それを麻薬のようなものだと言ったのです。社会主義になってもこの言葉は生き続け、宗教は否定されました。

社会主義のソ連時代、国民の多くが信仰するロシア正教会は、どうなったのでしょう。実はレーニンの時代には激しい弾圧を受け、多くの聖職者が処刑されました。その後の指導者も弾圧を続けますが、先祖代々信じてきた信仰心までを取り上げることはできません。ソ連時代は公式な場所での宗教活動は許

写真④—ダーチャでは、庭に菜園をつくって楽しむ人が多かった｜写真提供：PPS通信社

されていませんでしたが、個人的に信仰することは容認されていました。

ロシア正教会を巧みに利用しているのが、プーチン大統領です。ソ連崩壊後、ロシアでは宗教の自由が認められます。それまでこっそり信仰していたロシア正教の多くの信者たちにとっては、喜ばしい時代の到来です。

弾圧から解放されたロシア正教会は活動を活発化します。そして、プーチン政権に接近しました。プーチン大統領の保護下で、ロシア正教会は大いに力を持っていきます。

プーチン大統領も、国民の大多数が信じるロシア正教会との関係をアピールすることは、人気の面からも得策です。

大統領の就任式にはロシア正教会の大司教が立ち会うようになりました（写真⑤）。もち

写真⑤—モスクワのクレムリンにある生神女福音大聖堂でのプーチン大統領就任式後の感謝の祈禱（2018年5月）｜写真提供：共同通信社

ろんロシア正教会もプーチン政権を批判することはありません。プーチン大統領とロシア正教会は蜜月の関係にあるのです。

第3章
「東西冷戦とソ連崩壊」から見るロシア

資本主義VS社会主義の争いが始まった

東西冷戦時代、ソ連を中心とする社会主義諸国とアメリカを中心とする資本主義諸国がにらみ合っていました。ソ連は社会主義の仲間を増やそうとする。チャーチルが「鉄のカーテン」と称したように、東ヨーロッパの国々がみんなソ連の仲間になってしまって、まったく中の様子がわからなくなってしまいました。

マルクスの『資本論』にあるように、社会主義は資本主義を打倒するところから始まります。ソ連をリーダーとする社会主義国が、世界中で社会主義革命を起こそうとするのではないか。資本主義の国々が恐怖に怯える中、アメリカのトルーマン大統領が「トルーマン・ドクトリン」を打ち出します。「ドクトリン」とは戦略や政策という意味です。

ソ連の味方をする国には徹底的に打撃を与えよう。ソ連に反対し、アメリカの味方をする国は、どんな国も助けよう。ざっくり言うと、トルーマン・ドクトリンはこういうことです。

世界を「善＝アメリカの味方」と「悪＝ソ連の味方」に分けて、アメリカの仲間に入りなさいという政策ですね。ソ連という国をとにかく封じ込めて、他国に影響力が及ばないようにしようとしたのです。

その結果どうなったのか。どんな国であろうとアメリカの仲間になったら、その国を支援する。たとえばアフリカの独裁国家で、国民を弾圧し虐殺していても、アメリカの仲間になれば、無条件にその国を支援したのです。

１９７０年11月、南米のチリで、世界で初めて民主的な選挙によって社会主義政権が生まれました。

ソ連はロシア革命、つまり武力革命によって社会主義国家になりましたが、チリでは、選挙によって、社会主義を目指したアジェンデ大統領が誕生します。

さて、アメリカはどうしたか。アメリカは、社会主義政権ということはソ連の味方だろう、と考えました。ＣＩＡが裏で手を引いてピノチェトという将軍を煽《あお》り立て、１９７３年３月にクーデターを起こします。アジェンデ大統領は軍の攻撃を受ける中、大統領官邸で自殺します。チリは軍事独裁政権になってしまいました。

ピノチェト独裁政権下で、いったい何万人が殺されたのか。いまだにはっきりしないほど、悲惨な状況になりました。

社会主義国家の盟主であるソ連も、同じ行動に出ます。ソ連の味方になれば、どんな独裁政権でも応援するという姿勢で、仲間を増やしにかかります。

東西冷戦時代のアメリカとソ連による見境のない行動の結果、中東でもアフリカでも、独裁政権がそのまま維持されることになってしまいました。

ソ連とアメリカの代理戦争が起こった

――東西冷戦というのはどんな戦争だったのですか。

いい質問だね。「冷たい戦争」ってなんだろうと思うよね。

冷戦という言葉が広く使われるようになったのは、第二次世界大戦が終わったあと1947年にウォルター・リップマンというアメリカのジャーナリストが書いた『The Cold War（冷戦）』という本がベストセラーになったことがきっかけです。

ミサイルや空爆など実際に攻撃し合うのが、Hot War です。対して Cold War は敵と味方に分かれているけれど、直接的な戦争はしない。冷たくにらみ合っている状態のことをいいます。

ソ連とアメリカは、互いに核兵器をたくさん持っていることを知っています。もし本当の戦争になったら、世界中が甚大な損害を被《こうむ》ることは明らかです。直接の戦争はなんとしても避けたい。しかし互いがにらみ合い、少しでも仲間を増やそうとする結果、アメリカとソ連の周辺では戦争が起こりました。

そのひとつが1950年に始まった朝鮮戦争です。北朝鮮が突如韓国に侵攻したことから戦争が勃発します。北朝鮮をソ連と中国が、韓国をアメリカが支援し、代理戦争の様相を呈します。

ベトナム戦争も同様です。ソ連と中国が味方する北ベトナムに支援された南ベトナム解放戦線が、アメリカが味方する南ベトナムと戦いました。

アメリカとソ連は戦争をしない。しかし、その周辺ではアメリカ側とソ連側に分かれた局地的な紛争がいくつも相次いだのが、東西冷戦です。

アメリカが核を持った

さらに東西冷戦の中で、激しい核開発競争が起こります。世界で最初に実戦で原爆（原子爆弾）が投下されたのが広島です。その次が長崎です。それ以降、実戦で核兵器が使われたことはありません。日本が人類史上唯一の被爆国だといわれるのはそのためです。

当時の日本は、降伏寸前の状態でした。アメリカの科学者から原爆を使う必要はないと助言されたにもかかわらず、トルーマン大統領は原爆を使いました。

アメリカは、なぜ日本に原爆を投下したのか。日本に原爆を投下することによって、アメリカが強大な軍事力を持っていることをソ連に見せつけたかったのです。ソ連も負けてはいられません。原爆の開発を進めていました。

原爆の原理が発見されたのは、第二次世界大戦が始まる少し前のことです。ドイツの科学者が、ウランに中性子を与えるとウランが核分裂を起こして膨大なエネルギーが生まれる、という論文を学術雑誌に載せました。この論文を読んだアメリカの学者たちは、この技術は爆弾に転用できるのではないか。核分裂反応を利用した爆弾、つまり原子爆弾がつくれるのではないかと考えたのです。

同じ頃、ドイツはチェコスロバキアのウラン鉱山を手に入れます。アメリカの科学者たちは、もしドイツが先に原爆をつくってしまうと、戦争に負けてしまうと考え、焦ります。

当時ナチス・ドイツの迫害を受けた優秀なユダヤ人科学者たちが、アメリカに亡命して来ていました。その中に、著名な物理学者アインシュタインもいました。ドイツより先に原爆をつくるべきだと考えた科学者たちは、アインシュタインを動かし、ルーズベルト大統領あてに核分裂爆弾の開発でドイツに後《おく》れをとってはいけませんという手紙を書いてもらったのです。

アメリカは核分裂爆弾の研究を始め、原爆をつくり出します。この原爆が、広島と長崎に投下されることになるのです。この極秘計画の部署が置かれた場所にちなんで、「マンハッタン計画」と呼ばれるようになりました。

アメリカは、核分裂爆弾の研究開発にアメリカの科学者を総動員します。でも、とても足りません。同盟国のカナダやイギリスからも物理学者や数学者、化学者などを集めました。各地に秘密施設が置かれ、10万人以上を動員して原爆をつくったのです。

核で核を牽制する緊張状態に陥った

ところがイギリスからマンハッタン計画に参加した科学者の中に、ソ連のスパイがいました。アメリカが原爆を完成すると、原爆のつくり方をソ連に教えます。ソ連もアメリカに続いて原爆を持つことになりました。

――原爆のつくり方はアメリカにとって最高機密だったと思います。そんなに簡単にスパイが持ち出せるものなのですか？

ソ連に原爆の情報を渡したのは、映画の『007』に出てくるようなスパイではなく、イギリスの物理学者だったんです。

アメリカは、原爆開発のため世界中から科学者を集めたでしょう。その中に、アメリカだけが原爆を持つのはよいことではない、と考える人がいたんですね。原爆を持つ唯一の国になれば、アメリカが世界の覇者になってしまう。

社会主義のソ連という国にも原爆があればアメリカの覇権を抑えることができると考えた、社会主義的な思想を持っていたイギリスの物理学者が、ソ連に情報を提供したのです。ドイツは、第二次世界大戦中にすでにイギリスに撃ち込むためのミサイルを開発していました。ところが当時のソ連とアメリカは、まだミサイルの技術が十分ではなかった。

第二次世界大戦後、ドイツを占領したアメリカとソ連がそれぞれミサイルの技術を持ち帰ります。ミサイルの先端部分に原爆（核弾頭）を載せると、核ミサイルになります。

そもそもウランを分裂させると膨大なエネルギーが発生することに気がついたのはドイツの学者たちです。ミサイルの原型をつくったのもドイツの学者。当時のドイツの科学技術がいかに高度であったかという証明でもあります。

こうして、アメリカもソ連も相手の国まで届く核ミサイルをつくろうと考えるようになり、ミサイルの開発合戦が始まります。

現在、北朝鮮がＩＣＢＭを完成させたと言っています。ＩＣＢＭとは、大陸間弾道ミサイルの略称です。そもそもは、アメリカ国内から発射して、モスクワまで届くミサイル。ソ連から発射して、ワシントンやニューヨークまで届くミサイルのことなんですね。

つまり、北米大陸とユーラシア大陸の間を飛ぶことができるミサイル、だから大陸間弾道ミサイルと呼ばれるわけです。

――弾道って、どういう意味なんですか？

大陸間ミサイルでいいのに、わざわざ弾道という言葉がついている。なぜだろう。こういう細かな言葉にも疑問を持つのはいいことですね。

たとえば、45度の角度で何かを打ち上げると、空高く上昇してから弧を描いて目的地に落下するでしょう。この軌道を弾道といいます。

ソ連からアメリカを狙う場合、発射したミサイルはいったん宇宙空間に出て飛行し、狙ったところに落下するような仕組みなので、弾道ミサイルというのです。

アメリカ合衆国本土の北東国境とソ連本土の北西国境を結ぶ最短距離が、およそ５５００キロ。そこで有効射程距離が５５００キロメートル以上のものを大陸間弾道ミサイルと呼ぶようになりました。

アメリカとソ連、どちらの国も核兵器を持ち、さらに大陸間弾道ミサイルの開発によって相手の首都をも狙うことができるようになりました。

東西冷戦の中で、核戦争がいつ起きるかもしれないという緊迫した状況が生まれます。もし核戦争が起きてしまったら、自分の国が壊滅する。自分の国が壊滅しないようにするにはどうしたらいいか。相手の国より、多くのミサイルを持てばいい。そうすれば相手の国を叩き潰すことができる、と両国は考えたのです。

　アメリカがミサイルを500基つくった。ソ連も500基だと、全部破壊されてしまうかもしれない。ソ連がミサイルを1000基持っていれば、500基潰されてもまだ500基残る。そのミサイルで報復をすれば、アメリカをやっつけることができると考えました。

　相手が1000基持てば、自分たちは1500基持とう。もう、いたちごっこです。結果的に、何万基もの核ミサイルがつくられて、核で核を牽制する緊張状態に陥りました。これが東西冷戦時代の

図表⑦—**核弾頭数の推移** | 出典：Nuclear Notebook

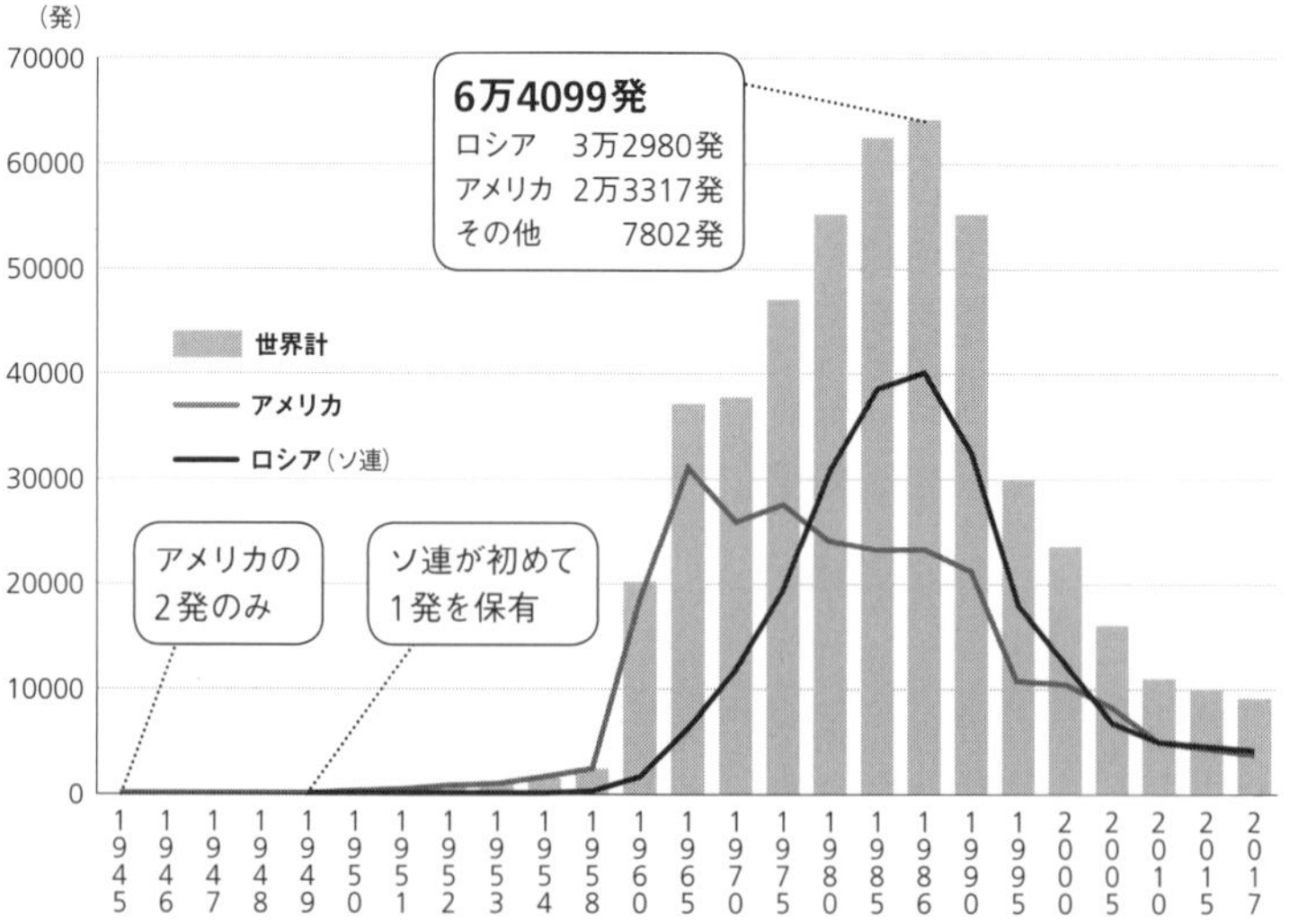

増加傾向だったが、1986年のチェルノブイリ事故、89年の冷戦終結を経て減少していく
＊1945～54年までは毎年、それ以降は基本5年ごとのグラフだが、特筆すべき動きがあった年も加えた

ソ連とアメリカの関係です（図表⑦）。

陸から海から狙い合っていた

アメリカとソ連は、互いに相手国を狙ってミサイル基地をつくります。しかし当然敵の攻撃の的になりますよね。

Qでは、狙われないようにするにはどうしたらいいでしょう？

――地下につくる。

そのとおりです。アメリカは、アリゾナ州やネバダ州の砂漠の地下に巨大なトンネルを縦横無尽につくっています。その中に鉄道を敷いて、貨物列車で核ミサイルを移動させているのです。

核ミサイルの発射口は各地にあるけれど、ミサイルがどこにいるかわからないようにしたのです。もしソ連がミサイル攻撃をしてきても、即座に報復攻撃が行えます。さらに核ミサイルを積んだ原子力潜水艦を大西洋や北海に潜ませて、潜航しながらソ連に照準を合わせていました。

相手の国を攻撃した場合、報復のミサイルがどこから飛んでくるかわからない。それを考えると、うっかり攻撃することができない。これが「核の抑止力」という考え方なのです。

もちろんソ連も同様の対抗策を講じます。海の中でも、アメリカとソ連の駆け引きが始まります。アメリカは、核ミサイルを積んだソ連の潜水艦をすべて追いかけて、ミサイルを発射する前に沈めてしまおうと考えます。

こうしてアメリカは、ソ連本土を攻撃するための潜水艦と、ソ連の潜水艦を追いかけ回す潜水艦の2種類を持つことになります。ソ連本土を破壊させるための潜水艦を戦略型原子力潜水艦、ソ連の潜水艦を追いかけ、攻撃して沈める潜水艦を攻撃型原子力潜水艦と呼びます。

アメリカは潜水艦に州や都市の名前をつけています。州の名前か都市の名前かで、戦略型か攻撃型かがわかるんですね。州名を冠したオハイオ級原子力潜水艦は戦略型、市の名前であるロサンゼルス級原子力潜水艦は攻撃型です。

東西冷戦時代、ソ連の潜水艦が出港すると、港の外で待機していたアメリカの攻撃型原子力潜水艦が尾行を始めるわけですね。北極海の氷の下で、ソ連の潜水艦とアメリカの潜水艦が追いかけ合っていたのです。

海の底で鬼ごっこをしているうちに、原子力潜水艦同士が衝突するという事故が起きました。でも、それは一切公表されませんでした。

原子力潜水艦がそこにいること自体が軍事機密です。ソ連が崩壊し東西冷戦が終わってから、実はこんな事件がありました、と漏れ伝わったのです。

大学教授より肉体労働者の給料が高い

世界初の社会主義国家、ソ連の経済体制と人々の生活を見ていきましょう。

資本主義の欠点を取り除くためには、過剰生産が起きないようにするのがいちばんと考え、ソ連では何もかも国家の管理のもと、計画的に生産することになりました。

企業は全国民のもの、つまり国家のものなので、原則としてすべて国有企業となります。そうなると国民全員が国家公務員。自分の会社が倒産するかもしれないという心配もないわけだよね。職種ごとに定められた給料を一律に受け取れる。

第2章で話した農業政策と同じように、働いても働かなくても給料は同じ。給料が同じなら、ラクしたほうがいい。そう考える人がたくさん出てきちゃったんですね。結果的に労働生産性がどんどん落ちていきました。

――どんな仕事をしても給料は同じなんですか？

おっ！　いいところに気がついたね。職種によって給料に差があります。たとえば建設労働者や工場労働者のように、額に汗して働く肉体労働者の給料が高いのです。これに対して大学教授や医者は、そんなに汗をかく仕事ではないので、給料が安く設定されました。

――資本主義の国と逆ですね！

マルクスの『資本論』は、世の中の富（価値）は労働によって生み出されるという「労働価値説」に基づいていました。ソビエト政府は、これを単純に解釈して「額に汗して働く人」が最も尊い、と考えたのです。

商品の値段を決めるのもソ連政府です。国民全員が、とにかく食べられないといけない。だからパンや肉、紅茶などの生活必需品はものすごく安い。

その結果、とんでもないことが起きました。たとえば、ブタやウシなど家畜の餌《えさ》よりも、パンのほうが安くなってしまったのです。農家では、人間用のパンを買ってきて家畜に与えるという、本末転倒が起きるようになりました。

しかも計画経済です。この製品をこれだけつくりなさいと、国が決める。たとえば鉄鋼業の場合だと、鉄を年間何万トンつくろうという計画が出されます。すると、どういうことが起こると思いますか？

――国が計画した生産量より需要が多いと、鉄が足りなくなる。

なるほど。そういうことも起こりうるかもしれないね。でも、使うのも国の事業だから使う量を計算してつくっているはずだよね。たとえば、自動車用に使う鉄を考えてみよう。車体は軽くて頑丈なほうがいい。だから、薄くて品質のよい鉄が求められるでしょう。

資本主義国家の鉄鋼業の場合、いかに薄くて強い高品質の鉄をつくれるか、激しい競争が起きるわけだ。その結果、どんどん鉄の品質が向上する。事実、日本最大手の鉄鋼メーカーである新日鐵住金《しんにってつすみきん》という会社の鉄は、世界でも大変高い評価を受けています。

社会主義のソ連の場合はどうだったかというと、計画生産での生産量が最重要課題でした。重い鉄をつくれば、計画を早く達成できるわけでしょう。結果的に、品質のいい薄い鉄はつくられず、品質の悪い重い鉄ばかりが生産されました。

その重い鉄を使って自動車をつくります。だからソ連ではものすごく重い、品質の悪い自動車しかつくることができなかったのです。

さらにいうと、資本主義においてはどんな企業にもライバルがいます。日本でいえば、自動車ではトヨタや日産、マツダ、ホンダというライバル企業がある。互いにライバルに負けないように、いい品質の自動車をつくろうと切磋琢磨《せっさたくま》するよね。その結果、自動車の性能がどんどん上がっていきます。

ソ連のように、競争がないとどうなるか。ソ連の自動車産業は独占的に生産する1社だけです。競争もなければ、ライバルに負けることもない。性能の進化もない、デザインも悪い、古めかしい自動車がずっと生産され続けました。

計画経済の実験は大失敗だった

ここで、資本主義と社会主義の経済を比較する好例を紹介しましょう。

資本主義と社会主義のどちらが経済体制として優れているか、比較するためにはすべて同じ条件にしなければいけません。ドイツは第二次世界大戦後、期せずして社会主義の東ドイツと資本主義の西ドイツに分割されてしまいます。自動車産業も東西に分割されました。もともと同じ国だから、スタートの条件は同じです。働いている国民も同じ。同じドイツ語を話す、勤勉な人たちが多い国です。

資本主義の西ドイツでは、企業間の激しい競争が起こります。メルセデスベンツやBMW、フォルクスワーゲン、アウディ、ポルシェのような世界的に有名な自動車メーカーが次々と発展していきました。

ところが、東ドイツの自動車産業は1社だけ。競争がないまま、いつまでも同じ自動車をつくり続けました。それがトラバントという自動車です。ベルリンの壁が崩壊した時に、東ドイツからトラバントに乗った人たちが西ベルリンに流れ込んできました。トラバントからは、もうもうと排気ガスが出ています。突如として、西ベルリンは大気汚染で大変深刻な状態になってしまいました。

東西分割から40年間で、それほどまでに大きな差ができてしまったのですね。

競争のない社会主義のもとでは、計画された量の生産さえ実現すればよい。その結果、とんでもない経済の停滞が起きてしまうのです。

たとえば、女性用のブーツを製造するとします。革をこれだけ使って、年間何足つくりなさいという計画が出されます。とにかくつくればいい。ファッション性なんかまったく考えない。

するとどんなブーツができあがるか。女性用のブーツといいながら、やぼったい長靴のようなものがいっぱい靴屋さんの店頭に並ぶことになります。

そんなブーツは誰も買わないよね。大量の革を使ってつくったブーツが、まったく売れないという、資源の無駄遣いが起きました。

――デザインの悪いソ連製のブーツが売れなかった。どうして、政府は手を打たなかったのですか?

それはマーケット（市場）があるかどうかという問題なんだ。資本主義では、市場の原理が働くでしょう。売れないものをつくっても、儲からない。だからつくらない。よいものなのに売れないのはなぜだろうか？　値段が高いせいだろうか？　じゃあ、安くしてみよう。ファッション性に問題があるなら、改良しようとなりますよね。これは市場原理が働いているからなんだよね。

でも、社会主義は、そもそもこの市場を否定するところから始まっているわけです。計画生産でものをつくって、これを買いなさいと押しつける。買う側に選択肢はないんだな。だから売れなくても、資本主義のような市場の原理が働かない。結果的に、売れないまま放置されてしまうことになったのです。

ソ連時代には、海外製品も輸入されていました。時々、おしゃれなブーツが店頭に並びます。みんな欲しいから、店の前には長蛇の列ができるわけです。

限られた商品には長蛇の列ができ、それ以外のものには誰も見向きもしないということが起きました。ソ連では、街を歩く時、多くの人が商品を入れるための袋を持っていました。列ができていれば、その先には何か魅力的な商品があるはずだ。とりあえず、行列に並ぼう。もし欲しいものじゃなくても、それを買っておけば、ほかの人に高く売ることができるというわけだ。

行列に並ぶのが面倒になると、店員に賄賂《わいろ》を渡して自分の分を取っておいてもらうようになります。その結果、賄賂を贈らないと何も動かないというおかしな事態になってしまいました。ものすごい資源の無駄遣いが行われるし、賄賂は横行する。真面目に働くのはバカバカしいという人が増える。結果として、計画生産の実験は大失敗でした。

ゴルバチョフの登場

アメリカを中心とする西側諸国は、資本主義の激しい競争によって経済力がどんどん発展します。もちろん、それによって貧富の差がものすごく拡大するのですが。

一方、社会主義のソ連は、経済がすっかり停滞してしまった。軍事競争の分野では、もうアメリカに追いつくことができないという状態になりました。

共産党幹部はいったん政権を握ると途中で引退することはありません。次の世代の指導者もトップになる頃にはすでに高齢になっていて、共産党幹部は老人ばかりで占められるようになります。

共産党書記長になっても、何もできないまま亡くなってしまいます。老人のリーダーばかりが続くと、ソ連は滅びてしまう。なんとかソ連を立て直さなければいけない。そこでソ連の期待の星とも呼ぶべき若き指導者が抜擢されました。それが、ミハイル・ゴルバチョフです。1985年のことです。

ゴルバチョフが書記長に就任した時、54歳でした。今の世界のリーダーから見るとそれほど若い感じはしないかもしれませんが、ソ連の歴代指導者から見ると急激な若返りをはかったといえます。

ゴルバチョフの三大政策

ゴルバチョフは、ソ連の社会的・経済的停滞を打破しようと、改革に乗り出します。ゴルバチョフ自身は、ソ連の「理想」を信じていて、民主主義的な改革を進めれば、ソ連はよくなると考えていました。

ゴルバチョフは革新的な三つの政策を打ち出します。それが、ペレストロイカ、グラスノスチ、新思考外交です。

ペレストロイカとは、ロシア語で「立て直し」という意味です。停滞する経済を立て直すためには「働いても働かなくても給料は同じ」というソ連式の欠陥を補うことが必要だと考えました。ゴルバチョフは、国営企業ばかりの経済の中に、小規模の民間企業を認めます。

また、労働者の意欲向上のために、働きや売上げに応じてボーナスを支払うことができる制度も導入します。

情報公開を進めたチェルノブイリ原発事故

グラスノスチとは、ロシア語で「情報公開」という意味です。ペレストロイカを進めるためには、「情報公開」が必要だともゴルバチョフは考えました。ソ連では報道の自由がなかったため、国民はソ連が行きづまっていることを知りませんでした。情報を公開し、国民に問題点を認識させ、改革を進めようとしたのです。

これを加速させるきっかけが、1986年4月に起きたチェルノブイリ原子力発電所の事故でした。チェルノブイリ事故については、第6章で詳しく説明します。

チェルノブイリ（現在のウクライナ）にある原子力発電所で、原子炉の運転を止めずにテストをするという無謀な方法をとったために、原子炉の温度が急上昇。慌てて運転を止めようとしているうちに温度が上がりすぎ、大量の水蒸気が発生して原子炉が爆発しました。

この爆発で大量の放射性物質が噴き上げられました。この事故が発生した時、ソ連政府はしばらく事故の発生自体も伝えることなく、避難や対策が遅れてしまいました。ソ連の秘密主義が、世界から厳しい批判を浴びます。ゴルバチョフは、グラスノスチの必要性を痛感したのです。

「新思考外交」が冷戦を終わらせた

ペレストロイカとグラスノスチはソ連の改革を表す合言葉になりましたが、このふたつは内政の改革です。それに対し「新思考外交」は対外政策の改革でした。

ゴルバチョフは、対米協調路線をとり、核軍縮を進め、海外への軍事援助・介入を縮小・停止し、軍備拡大競争の中止を打ち出します。経済が停滞するソ連には、もはやアメリカとの軍拡競争を続けるだけの力はなく、内政立て直しに専念するためにも、国際的な緊張を緩和しておく必要がありました。

アメリカとソ連は、それまで世界中でそれぞれの陣営のグループをつくり、援助することで仲間を広げてきたのですが、ソ連はこの競争から一方的に降りたのです。

また、こうすることにより、経済的負担を軽くすると同時に、西側諸国からの経済援助

図表⑧—**東西冷戦からソ連崩壊まで** | 写真提供:時事通信社

ソ連の出来事	世界の出来事	アメリカおよび西側諸国の出来事
1945年～ ソ連によるソ連型国家の設立が増加	1945年 第二次世界大戦終結	1946年 チャーチルが「鉄のカーテン」発言
	1947年 東西対立強まる。「冷戦」という言葉が登場、常用語となる	1947年 トルーマンがソ連封じ込め政策を打ち出す
	1949年～ 核開発競争で軍拡激化	1949年 NATO創設
1955年 ワルシャワ条約機構創設(1991年解散)	1950年～ 朝鮮戦争、ベトナム戦争、アフガニスタン侵攻など、各地で代理戦争	
1985年 ソ連でゴルバチョフが政権に就く		
1986年 チェルノブイリ原発事故	1989年 ゴルバチョフ、ブッシュ マルタ会談 冷戦終結	1989年 ドイツでベルリンの壁崩壊
1991年 ソ連崩壊		

を期待したのです。

1989年12月、ゴルバチョフ書記長はアメリカのブッシュ（父）大統領と地中海のマルタ島で会談し、核兵器の削減で合意して、「冷戦終結」を宣言。ここに冷戦は終わったのです（p121図表⑧）。ゴルバチョフは冷戦を終わらせたソ連の指導者として、西側諸国で高い評価を得ます。

ソ連国内では不評

冷戦を終わらせ、西側諸国で人気の高いゴルバチョフ大統領ですが、ソ連国内では、意外にも不評を買いました。

ソ連では経済が停滞し、言論の自由がなく、厳しい冬の寒さもあって、国民はお酒を飲むことで不満を紛らわせていました。アルコール度数の強いウォッカです。労働者の中には、ウォッカを飲みながら働く者も多く、生産性の低下や、職場での事故多発にもつながっていました。

ゴルバチョフはこの状態を改めるため、節酒キャンペーンを繰り広げました。

ウォッカの製造を制限して値段を引き上げたんですね。国民が簡単にウォッカを買えないようにした（写真⑥）。ウォッカなんか飲まないでちゃんと働こう。そういうことをやりました。

ゴルバチョフは非常に真面目なエリートだから、一生懸命努力してトップにまで上り詰めることができた。

ところが一般の国民、労働者たちは、ゴルバチョフのように真面目でもないし、勤勉でもない。ウォッカを飲んで酔っ払うのが唯一の楽しみでした。

Q ウォッカの販売が制限された途端、ソ連で何が起きたでしょう？

――残ったウォッカを求めて、酒屋に人が殺到した？

制限直後には、そういうことも起こりまし

写真⑥―雪の中、ウォッカを買うために酒屋の前で列をつくるモスクワ市民（1987年）
｜写真提供：時事通信社

た。でも、正解ではありません。実は、そのあとソ連中から砂糖が姿を消しました。なぜか、わかりますか。

もうウォッカを買うことはできない。でも飲みたい。ならば、自分で密造酒をつくってしまおうと、考えたんですね。アルコール発酵をさせるためには、糖分が必要です。

ソ連の至るところで密造酒づくりが始まります。中には、アルコールならなんでもいいと、メチルアルコールを飲む人まで現れました。メチルアルコールは燃料用で、飲むことはできません。その結果、失明したり、死亡したりする人が続出します。また、酒の販売が減ったため、国にとって貴重な酒税収入も落ち込んでしまいました。

ロシアの国民の怒りは、ウォッカを飲めなくしたゴルバチョフ大統領に向かいます。ゴルバチョフ大統領の人気は急降下してしまいます。

ゴルバチョフ大統領が軟禁された

ゴルバチョフ大統領は、グラスノスチ（情報公開）でソ連の経済がいかにひどいかを国民に知ってもらおう、そして、国民みんなでがんばろうという気持ちになってもらおうと考えました。

図表⑨—**ゴルバチョフ3大改革の理想と現実**｜写真提供：時事通信社

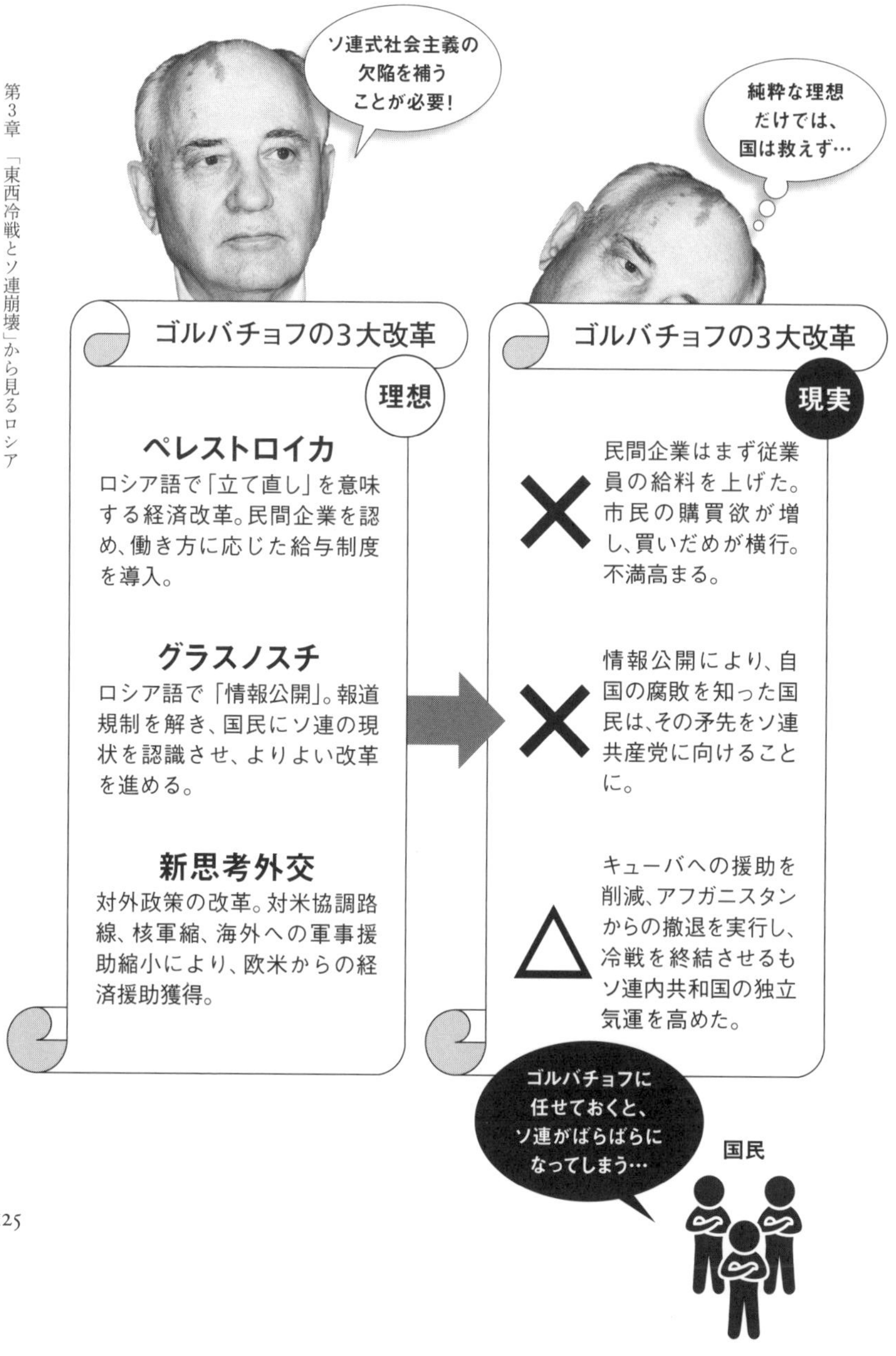
ソ連式社会主義の欠陥を補うことが必要！
純粋な理想だけでは、国は救えず…
ゴルバチョフの3大改革
理想
ペレストロイカ
ロシア語で「立て直し」を意味する経済改革。民間企業を認め、働き方に応じた給与制度を導入。
グラスノスチ
ロシア語で「情報公開」。報道規制を解き、国民にソ連の現状を認識させ、よりよい改革を進める。
新思考外交
対外政策の改革。対米協調路線、核軍縮、海外への軍事援助縮小により、欧米からの経済援助獲得。
ゴルバチョフの3大改革
現実
×
民間企業はまず従業員の給料を上げた。市民の購買欲が増し、買いだめが横行。不満高まる。
×
情報公開により、自国の腐敗を知った国民は、その矛先をソ連共産党に向けることに。
△
キューバへの援助を削減、アフガニスタンからの撤退を実行し、冷戦を終結させるもソ連内共和国の独立気運を高めた。

ゴルバチョフに任せておくと、ソ連がばらばらになってしまう…

国民

それまで、ソ連のよいことばかり報道していた新聞やテレビが、突然ソ連経済はひどい状態ですと、本当のことを報じ始めます。

Q ロシア国民はどんな反応をしたと思いますか？

――政府のことが信用できなくなって、がっかりした。

そう、正解です。ここでもゴルバチョフ大統領の誤算がありました。ソ連の実情が明らかになったことで、「みんなで力を合わせてがんばろう！」ではなく「もう、ソ連はだめだ！」という空気が国民の間に蔓延してしまったのです。それはまた、だめな国にしてしまったソ連共産党への批判に結びつくことになりました。

ゴルバチョフ大統領がソ連を立て直そうと行った肝入りの改革の結果、皮肉にも、ソ連はがたがたになってしまったのです（p125図表⑨）。

ソ連の窮状に危機感を持った共産党の古い幹部たちが、クーデターを起こします。1991年8月19日、クリミア半島の別荘で夏休みを過ごしていたゴルバチョフ大統領は、KGB議長や副大統領などによる「国家非常事態委員会」によって、そのまま別荘に軟禁されてしまいます。

この時、ある人物が突然立ち上がります。それがエリツィンです。エリツィンは当時、ソ連を構成する一国、ロシア共和国の大統領でした。立場的にはソ連の大統領ゴルバチョフの下にいて抑え込まれていた人物です。

エリツィンは、モスクワの中心部で戦車の上に飛び乗り、クーデター反対を叫びました。クーデター首謀者たちは、軍部に対しエリツィンを殺せと命じます。しかし軍隊も、もうそんなことをやっていられない、と命令を聞きません。

これによってゴルバチョフ大統領を軟禁していたクーデター部隊が身動きできなくなります。

一夜にして、ソ連という国がなくなった

エリツィンが戦車の上に立って、クーデターを阻止しようと呼びかける。反クーデター派は「ラジオ・ロシア」と呼ばれる非合法のラジオ放送を開始し、エリツィンの声明を伝えました。これに呼応して多くの国民が立ち上がり、クーデターは失敗します。

ゴルバチョフ大統領はクリミア半島から救出され、モスクワまで戻ってきます。ここで、ゴルバチョフとエリツィンの力関係が逆転するわけですね。エリツィンのおかげでゴルバチョフが助かった。ゴルバチョフは発言力を失い、エリツィンが絶大な力を持ちます。

クーデター失敗のニュースに喜んだ国民は、各地でレーニンの銅像を引き倒しました。国民はソ連の体制に「ノー」を突きつけたのです。ゴルバチョフが行ったソ連の改革は、ゴルバチョフの予想を超えて進んでいました。保守派によるクーデターは、国民に過去への逆戻りを連想させ、それに反発する力がエリツィン支持となって爆発したのです。

そこでエリツィンは何をやったのか。突然、ソ連共産党の解散命令を出したのです。1800万人の党員を擁《よう》したソ連共産党が一夜にして崩壊しました。

1991年12月、CIS（Commonwealth of Independent States　独立国家共同体）が設立され、ソ連は消滅。ソビエト社会主義共和国連邦を構成していた15の共和国のうち、すでに独立を宣言したバルト三国（エストニア、ラトビア、リトアニア）とジョージアを除く11か国すべてがCISに参加します。

つまり、老人ばかりで停滞した国のトップを若いゴルバチョフに変えた。しかしゴルバチョフの改革は、裏目に出てしまった。ソ連が崩壊してしまうと考えた共産党の幹部がクーデターを起こし、ゴルバチョフを亡き者にしようとしたが、クーデターは失敗。そのチャンスを生かして権力を奪取したロシア共和国大統領エリツィンの「逆クーデター」ともいうべき行動によって、ソ連という国が消えてなくなってしまった、ということですね。

結果的に、ロシア以外の国々もすべて独立することになりました（図表⑩）。9か国はC

図表⑩—**ロシアを除く旧ソ連諸国**（2018年10月現在）

国名	特徴	対ロシア	CIS加盟
エストニア共和国	ロシアとの国境条約は未批准のまま。経済的にはユーロ圏の優等生といわれている	警戒	
ラトビア共和国	国民の4分の1がロシア系住民。バルト三国でいち早く世界貿易機関に加盟。中継貿易を推進している	警戒	
リトアニア共和国	ロシアと政治的問題はないがカリーニングラードと隣接するため警戒。エネルギーの8割をロシアに依存	警戒	
ベラルーシ共和国	伝統的に親ロ国。ルカシェンコ大統領が20年以上現職。チェルノブイリ原発事故の最大の被害国	親ロ	○
ウクライナ	2014年、ロシアのクリミア併合以降、関係悪化、欧州統合路線が加速。肥沃な土地をもつ農業大国	国内分裂	2014年脱退
モルドバ共和国	1990年、ロシア系住民の多い東部トランスニストリアが独立宣言するも、いまだ解決せず。EU加盟が目標	親EU化	○
ジョージア	2008年、ロシアの軍事介入により国交を断絶。ロシア色払拭のため国名も英語風の呼称を各国に要請。EU、NATO加盟を目指す	断絶	1993年加盟、2008年脱退
アゼルバイジャン共和国	米ロ間でバランスをはかる。アルメニアとの紛争解決が最大の課題。カスピ海の油田で経済は安定	均衡維持	○
アルメニア共和国	ロシアと緊密関係だが欧米との関係も穏やか。隣国アゼルバイジャンとの対立が泥沼化	緊密	○
カザフスタン共和国	ロシアとの密接な関係を維持する一方、対欧米とも良好。エネルギー資源、鉱物資源に恵まれた資源大国	密接	○
トルクメニスタン	独立後長らく独裁政権が続いたが、2008年から議会選挙を実施。国連で永世中立国と承認される	中立	○
ウズベキスタン共和国	独立当初は親米反ロ路線だったが、親ロに転じる。中央アジア諸国との関係性を重要視する独自外交	親ロ	○
タジキスタン共和国	経済・軍事面でロシアに依存するも文化面では脱ロ方針。隣国アフガニスタンからの武力流入阻止が課題	均衡維持	○
キルギス共和国	独立後、民族紛争を伴う政情不安が長らく続いた。経済はロシアへの出稼ぎ労働者からの送金に依存大	良好	○

（網掛け）NATO、EUに加盟

ＩＳとしてはつながってはいますが。

――ＣＩＳとはどういうものですか？

あまり聞き慣れない言葉なので、簡単に説明しておきましょう。ひとつの国ではないけれど、いろんな国が集まったゆるいつながりの国家連合体のことです。最初は、ＥＵのような組織を目指したとも言われています。

消滅したソ連のあとを継いだのは、エリツィン大統領が率いるロシア共和国です。ロシア共和国はソ連の一部なのですが、ロシア共和国の中に、ソ連の政府機関や国有財産が存在しています。エリツィン大統領は、これを利用して、ソ連の財産をロシア共和国のものにしてしまったのです。

また、ソ連が持っていた国連での代表権はもちろん、核ミサイルもすべてロシアに集め、現在のロシア連邦（図表⑪）が誕生しました。

ＣＩＳがＥＵと大きく違うのは、名目上はすべての共和国は対等だといいながらも、実際はロシア共和国が強い権限を持っていたことです。

資本主義になって、国民生活は大混乱した

――ソ連が消滅した時に、国民は大混乱したと思います。そうすると、経済はさらに打撃を受けると思うのですが、実際はどうなったのですか？

そのとおりです。経済は大混乱におちいりました。さらに、エリツィンによって、ソビエト共産党が解体されたでしょう。

Q ソビエト共産党に属していた共産党員は、どんな人たちだったと思いますか。

――理由もなくスターリンに粛清されても、党のためと考えるほど洗脳されていた人たちですよね。

確かに一部にはそういう人もいましたが、みんな自己利益を最優先していたのです。ど

図表⑪―**ロシアの政治機構**

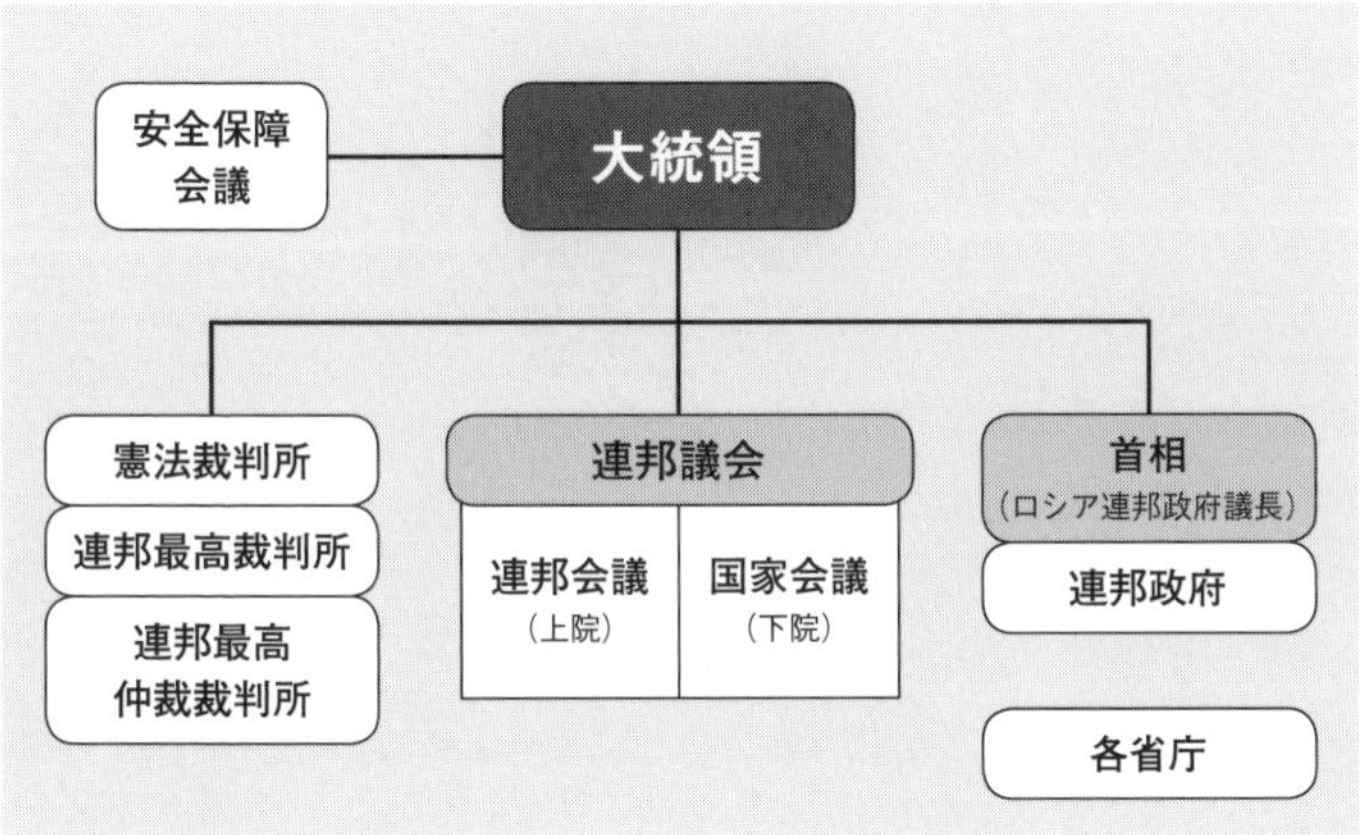

ういうことか。資本主義の国において共産党員であることは、出世のうえではメリットがない。というか、デメリットになることも多い。企業の中で、色眼鏡で見られたり、考え方が偏っていると思われたりする。出世できなかったり、差別されたりすることもあるわけです。でも彼らは、共産主義は素晴らしいものだという理想に燃えてやっている。どんなに不利益になっても、理想のためにがんばっているんです。

ソ連の場合は、どうだったか。ソ連の中では、共産党員にならないと出世できませんでした。出世意欲を持っている人はみんな共産党に入ります。共産主義という理想に共感しているわけではなく、

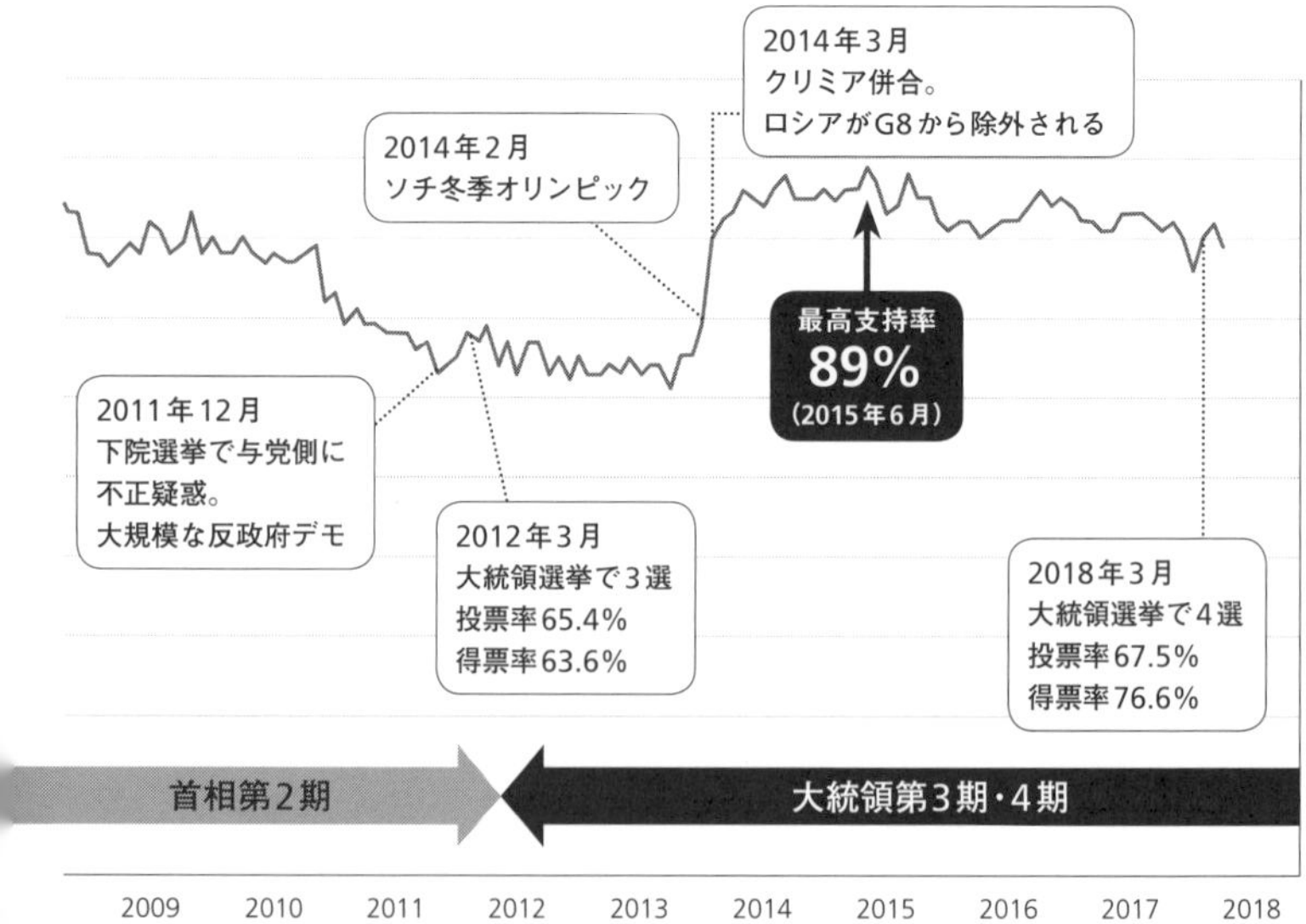

大統領に初当選して以来、60%を超える支持率を保っている。

自分の出世のためなのですね。だからソ連共産党が解体されるとわかった途端、みんなさっさと共産党を辞めてしまいました。あっという間に、党員がいなくなったのです。

その時に、ごくわずかだけれど共産主義が理想なんだと考える人たちが残って、現在もロシア共産党という小さな政党として存続しています。

中国共産党にも、ものすごい数の党員がいるでしょう。これもソ連と同じく、出世のためです。共産主義の理想に燃えているわけではないのだということです。

ソ連という国が崩壊した。ロシア連邦では、社会主義をやめて資本主義に移行

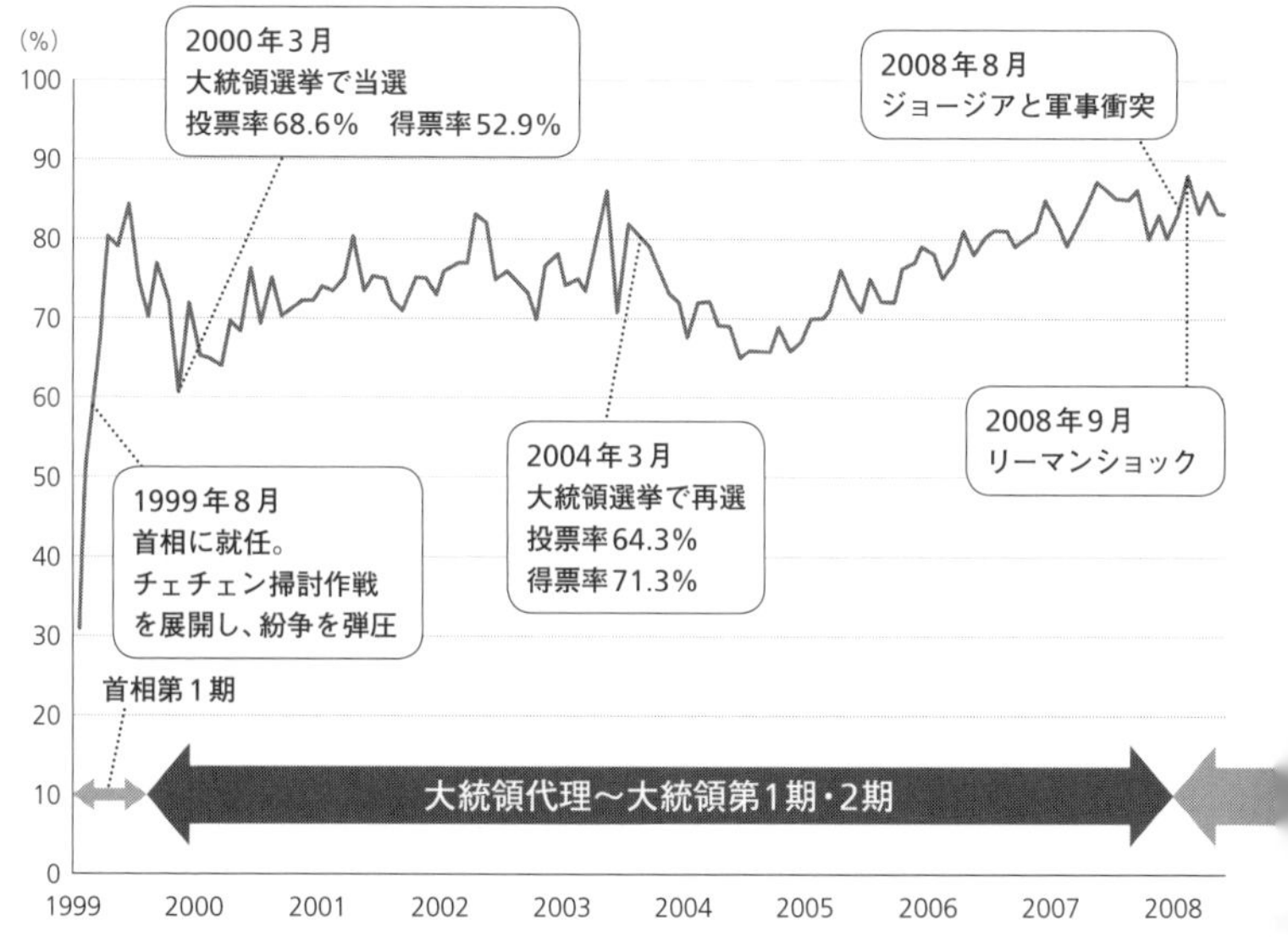

図表⑫—**プーチン支持率の推移**｜出典：LEVADA-CENTER

します。社会主義の時代は、生活必需品はすべてものすごく安かった。それが突然、市場経済になりました。市場経済では需要と供給によって値段が決まります。これまで安く買えたものが、うんと高くなってしまう。国民生活は大混乱です。エリツィンは大混乱が続くロシアの立て直しができませんでした。

ところが、このあとロシアにとって幸運が訪れます。エリツィンから後継指名を受けてプーチンが大統領になった直後のこと、2000年頃から世界中で石油と天然ガスの値段が急騰を始めます（p208図表⑱）。

中国やインドの経済が急成長し始めた頃です。石油や天然ガスの需要が増えるだろうという思惑から、石油や天然ガスの値段がどんどん上がったのです。

このあと第6章で詳しく説明しますが、ロシアというのは大変な資源国家なんです。石油や天然ガスが豊富に埋蔵されている。それがものすごい勢いで値上がりしたわけです。そのおかげで、突然、ロシアの国家財政も豊かになります。

プーチン大統領にとっても幸運の風が吹きます。大統領になった時期に、たまたま石油と天然ガスが急騰したのですが、ロシアの国民たちは、プーチン大統領のおかげでロシア経済が立ち直ったと考えたんですね。

ゴルバチョフはソ連をぼろぼろにしたし、エリツィンはただの飲んだくれだった。でも、プーチンは経済を一気に立て直してくれた。私たちの生活を、大混乱から救ってくれたという思いがロシア国民の中にあるのです。

だからプーチン大統領は支持され、特に地方では絶大な人気があります。２０１８年３月の大統領選挙で不正があったという話もしましたが、不正がなくてもプーチン大統領はロシアの地方の庶民からは大きな支持を受けているのです（p132図表⑫）。

反面、モスクワなど都市部のインテリや知識人は、プーチンによってロシア経済が立ち直ったわけじゃないことを知っているから、反プーチンのデモが起こったりもするのです。

第4章
「北方領土問題」から見るロシア

朝鮮半島の支配権をめぐって日本とロシアが戦った

いよいよ、日本とロシアの間に横たわる北方領土問題について説明しましょう。

Q 北方領土とは、どこを指すのでしょう？

――**択捉《えとろふ》島、国後《くなしり》島、色丹《しこたん》島、歯舞《はぼまい》島の4島です**。

ほぼ、正解ですね。北方領土は4島といわれますが、歯舞だけは五つの島からなる群島なんですね。ですから、正確には歯舞群島です。

ちなみに、日本では「北方領土」ですが、ロシアでは「南クリル諸島」と呼ばれています。立場の違う国々の間にある問題を考える時には、日本からの一方的な見方にならないよう、呼称にかぎらず、ロシアと日本両方の視点を持っておくことも大切です。

では、なぜ、日本とロシア両国にとって、この4島が問題になっているのか。北方領土問題をきちんと理解するために、まず日本とロシアの歴史的関係をおさらいしておきましょう。

明治維新以降、日本にとってロシア帝国は大変な脅威でした。現在のロシア連邦ではなく、ソ連ができる前、まだ皇帝が支配していた時代のロシア帝国です。

当時アジアの国々は、ヨーロッパの列強によって、どんどん植民地化されていました。日本は、かろうじて植民地にはなっていなかった。でも、世界の大国が日本を植民地にしようと攻めてくるのではないかという危機感や恐怖を、日本政府は持っていました。

中でもロシア帝国は、不凍港を求めて南下政策をとっている。中国大陸に入り、朝鮮半島も支配下に置こうとしているのではないか。ロシア帝国は、日本にとって最も近くにあって、最も大きな脅威だったのです。

ロシア帝国が朝鮮半島を支配すると、日本にどんな影響があるのか。地図を見てみると、朝鮮半島は、まるで中国大陸から日本列島に突きつけられた刃のようです。当時、朝鮮半島の次は、日本が狙われるのではないかという危機感を持つ人たちが大勢いたのです。

ロシア帝国に攻め込まれるのを防ぐには、どうすればいいか？　政府は、ロシア帝国より先に日本が朝鮮半島を押さえてしまえばいいと考えました。

当時の朝鮮半島は中国の清《シン》の支配下にありました。日本は清に攻め込み、日清戦争（1894〜95）が始まりました。

日清戦争に日本が勝利した結果、朝鮮半島は清から独立を果たし、1907年には大韓帝国（韓国）となります。さらに、朝鮮半島に対する影響力の行使をめぐりロシア帝国との間で日露戦争（1904～05）が勃発します。当時の日本では、朝鮮半島を自国のものにしてしまえば安心だ、という考えが多数を占めていたのです。

自分たちに関係のないところで、他国同士が奪い合いをする。朝鮮半島の人にしてみれば、ひどく迷惑な話です。

日露戦争の最中に、第一次ロシア革命が起こったことも影響して、日本は勝利します。日本とロシア帝国はアメリカの仲介によってポーツマス条約を締結し、日本は樺太《からふと》（サハリン）の南半分を獲得します。さらに1910年に日本は韓国を併合し、朝鮮半島の支配を始めます。

太平洋戦争の原因は、石油だった

さらに日本は、中国の中に満州国という傀儡《かいらい》国家をつくって、軍隊を送り込みます。そして中国との全面戦争に突入します。これが日中戦争（1937～45）です。

中国大陸への侵略行為を進める日本に対して、アメリカやイギリスやオランダなどは経済制裁に打って出ます。これをアメリカ（America）、イギリス（Britain）、中国（China）、オランダ（Dutch）の頭文字をとってＡＢＣＤ包囲網と呼びます。

経済制裁とは、具体的にはどんなことだったのか。アメリカは日本に対する石油の輸出を禁止しました。当時はまだ中東で油田は開発されていませんでした。石油が豊富に採れていたのは、アメリカやオランダ領だったインドネシアだったのです。

戦艦を動かすにも、戦車を走らせるにも、石油が必要です。日本はほとんどの石油をアメリカに依存していました。

アメリカから石油が入らなければ、日中戦争が戦えない。日本に危機意識が募ります。

Q 日本はどんな対策を講じたのでしょう？

――ほかの国から石油を輸入する。

そうだね。では、どこの国から？

――先ほど、アメリカとインドネシアが産油国だとおっしゃっていたので、インドネシアから輸入できないか交渉します。

そうですね。日本は、インドネシアの石油を狙います。でもこの時、日本は輸入の交渉をしたのではなく、産油国であるインドネシアそのものを占領しようとしたんですね。

インドネシアに攻め込むと、シンガポールに駐留しているイギリス軍が妨害してくるだろう。まずは、シンガポールのイギリス軍を叩いて、これを潰してしまおう。

しかし、イギリス海軍の守りは堅いので、シンガポールを海から攻撃するのは得策ではない。マレー半島に上陸して、裏からシンガポールを攻略しようと考えます。

シンガポールのイギリス軍を攻撃すると、同盟関係にあるアメリカ軍が介入してくる可能性があります。アメリカ軍に介入されないようにするためには、ハワイの真珠湾にあるアメリカ軍の太平洋艦隊を先に叩いておけばいい。こうして日本はアメリカとの全面戦争、太平洋戦争に突入していきます。

１９４１年12月８日、日本軍がハワイの真珠湾を攻撃して太平洋戦争が始まった、と一般的に認識されていますが、実は真珠湾を攻撃する少し前に、インドネシアの石油を狙った日本はマレー半島を攻撃していたのです。

また、日本がアメリカやイギリスなどと戦争をする時に、もし北からソ連が攻めてきたら大変です。ソ連とは戦争をしないという約束をしておけば、日本は存分に太平洋で戦うことができる。そう考えて、同年４月には「日ソ中立条約」を結んでいました。

一方ソ連側の事情ですが、ソ連は当時ドイツとの関係が悪化していました。独ソ不可侵条約を結んでいましたが、ドイツと戦争になってしまった場合、戦力を欧州に集中したいソ連にとって、日本と戦わなくてすむ条約を結ぶことは都合のいい話だったのです。

ふたつの終戦の日が、北方領土問題を生んだ

開戦から半年で、日本は東南アジアや太平洋の島々を占領し、「大東亜共栄圏《だいとうあきょうえいけん》」を唱えるなど進撃を続けていましたが、ミッドウェー海戦で大敗。これを機に形勢は逆転していきます。アメリカ軍による日本本土への空襲が始まり、いよいよ日本の劣勢が色濃くなってきました。そんな状況の1945年2月、アメリカ、ソ連、イギリスによるヤルタ会談（p82）が開かれます。

この会談で、アメリカはソ連に対して、日本への攻撃を依頼します。この時、日本はもう瀕死の状態です。アメリカにしてみれば、ソ連が北から日本を攻撃してくれると挟み撃ちができて、早く戦争を終わらせることができます。でも、ソ連は「日ソ中立条約」を結んでいて、戦争はしないと約束しています。

Q ソ連はどういう行動をとったのでしょう。

――**条約を破って、攻めてきました。**

そうですね、ソ連はアメリカとの密約を優先したのです。不思議ですよね。すぐに東西

冷戦の時代になるのですが、この時は仲間として戦っている。とにかく、1945年8月9日、「日ソ中立条約」を破って、ソ連軍が旧満州に攻めてきました。

8月6日に広島、そして9日に長崎にアメリカによって原爆が落とされ、さらにソ連軍が攻めてきた。日本はもうギブアップです。8月15日、天皇陛下の玉音《ぎょくおん》放送によって、日本は戦争を停止します。

Q ここで質問です。国際法上、太平洋戦争が終結したのはいつでしょう。

――1945年9月2日です。

そのとおり！　よく引っかからずに答えられました。日本の多くの人が、終戦は玉音放送のあった8月15日だと答えますよね。確かに日本では、この日を「終戦記念日」としています。でも、国際法上の太平洋戦争の終結は、8月15日ではないのです。

天皇陛下の玉音放送から約半月後、東京湾に停泊中の戦艦ミズーリ号の上で、日本は降伏文書に調印します。国際法上の太平洋戦争の終結は、降伏文書に調印した日、1945年9月2日ということになります。

8月15日と9月2日、このふたつの終戦日のずれが、現在に至る北方領土問題の原因を生み出します。8月15日から9月2日までの空白の約半月間、ソ連軍は千島列島を侵攻し南下、島々を次々と占領して、8月28日に択捉島に上陸を開始。9月5日には北方領土をすべて占領、北方四島を一方的にソ連に編入しました。歯舞群島や色丹島に関しては、日本が降伏文書に調印した9月2日のあとも、4日まで攻撃して占領したのです。

ソ連、現在のロシアにすると、国後島と択捉島は戦争で勝ち取ったものだ。しかし、歯舞群島と色丹島は戦争が終わったあとに占拠したもの。国際法上は、日本に返さなくてはならないという思いを持っているのです。

日本とロシアの間には、国境線がない

ここで、改めて北方領土をめぐる経緯を見ておきましょう（p146地図③）。1855年「日露通好条約」で、国後、択捉、歯舞、色丹は日本の領土、その先の千島列島はロシアの領土だと確定しました。

当時の樺太には、ロシア人も日本人もたくさん住んでいました。そこで樺太は、日本とロシアどちらの領土にもしないという約束をします。ところが、両国民が混住している樺太では、開発をめぐって、たびたび両国間の紛争が起きるようになります。

混乱を避けるために、樺太は、ロシアの領土にしよう。そのかわりに、千島列島は全部

地図③—**日本とロシア(ソ連)における北方領土の経緯** | 出典:外務省、内閣府

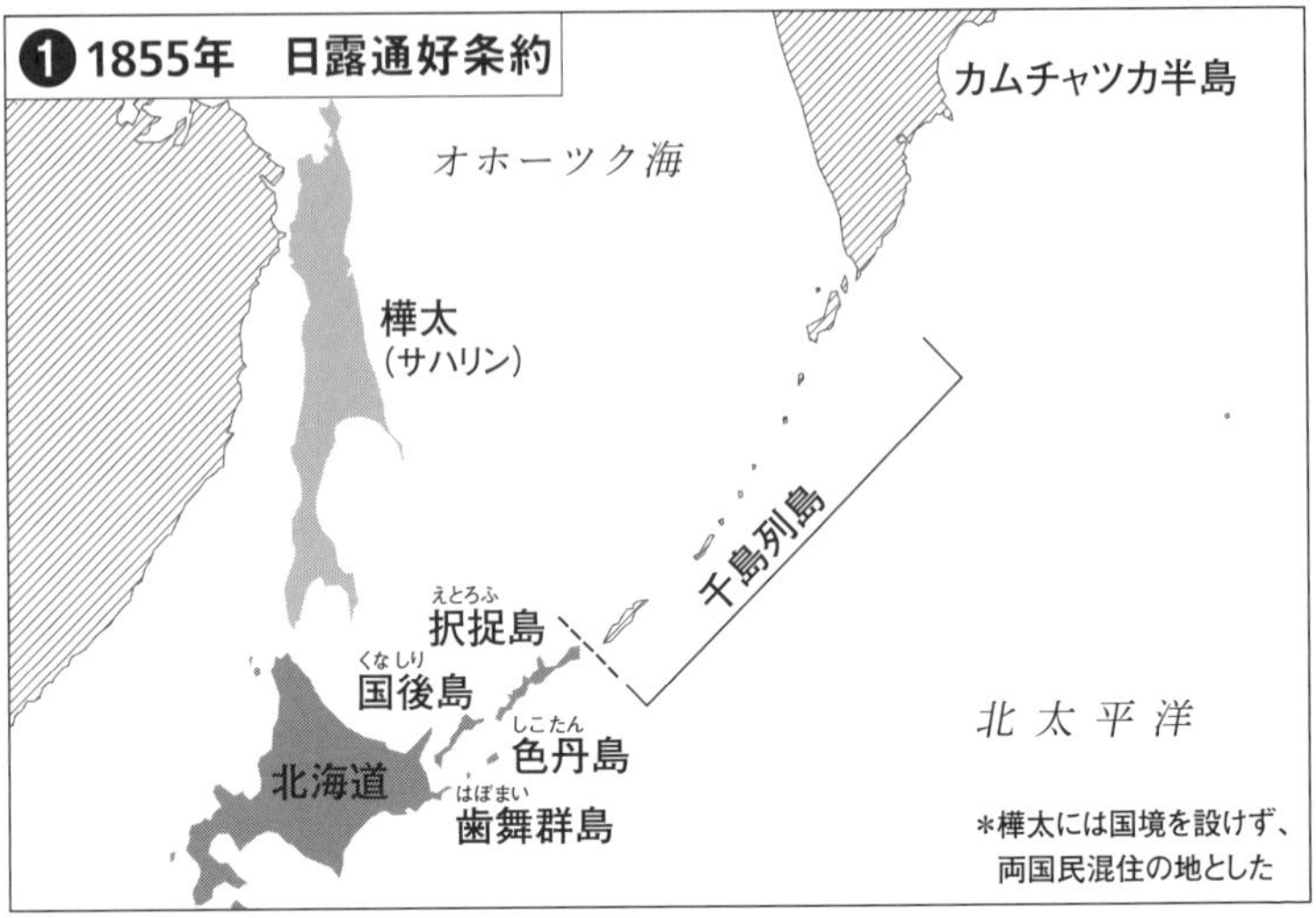

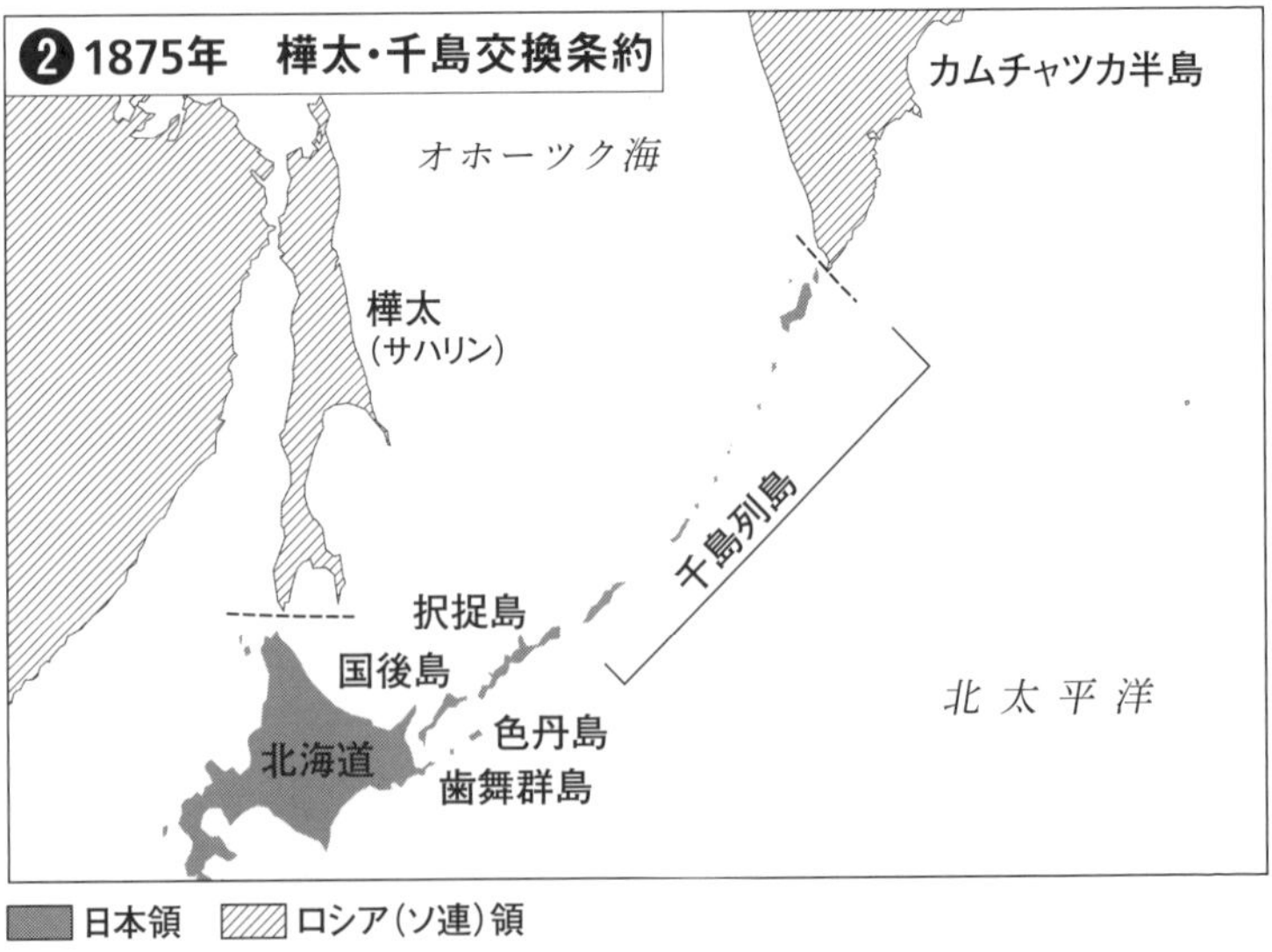

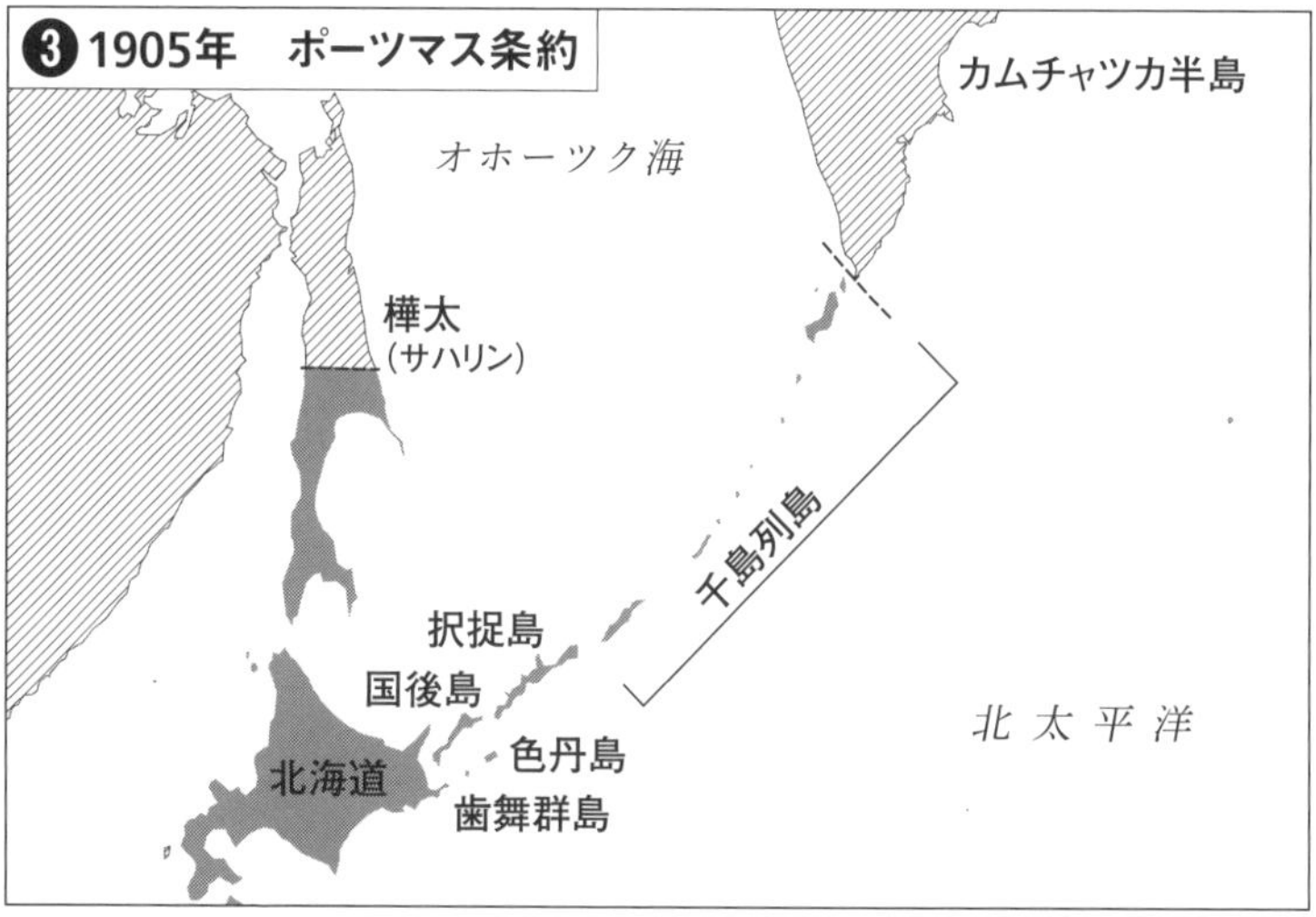
❸1905年　ポーツマス条約
カムチャツカ半島
オホーツク海
樺太
(サハリン)
千島列島
択捉島
国後島
色丹島
北海道
歯舞群島
北太平洋

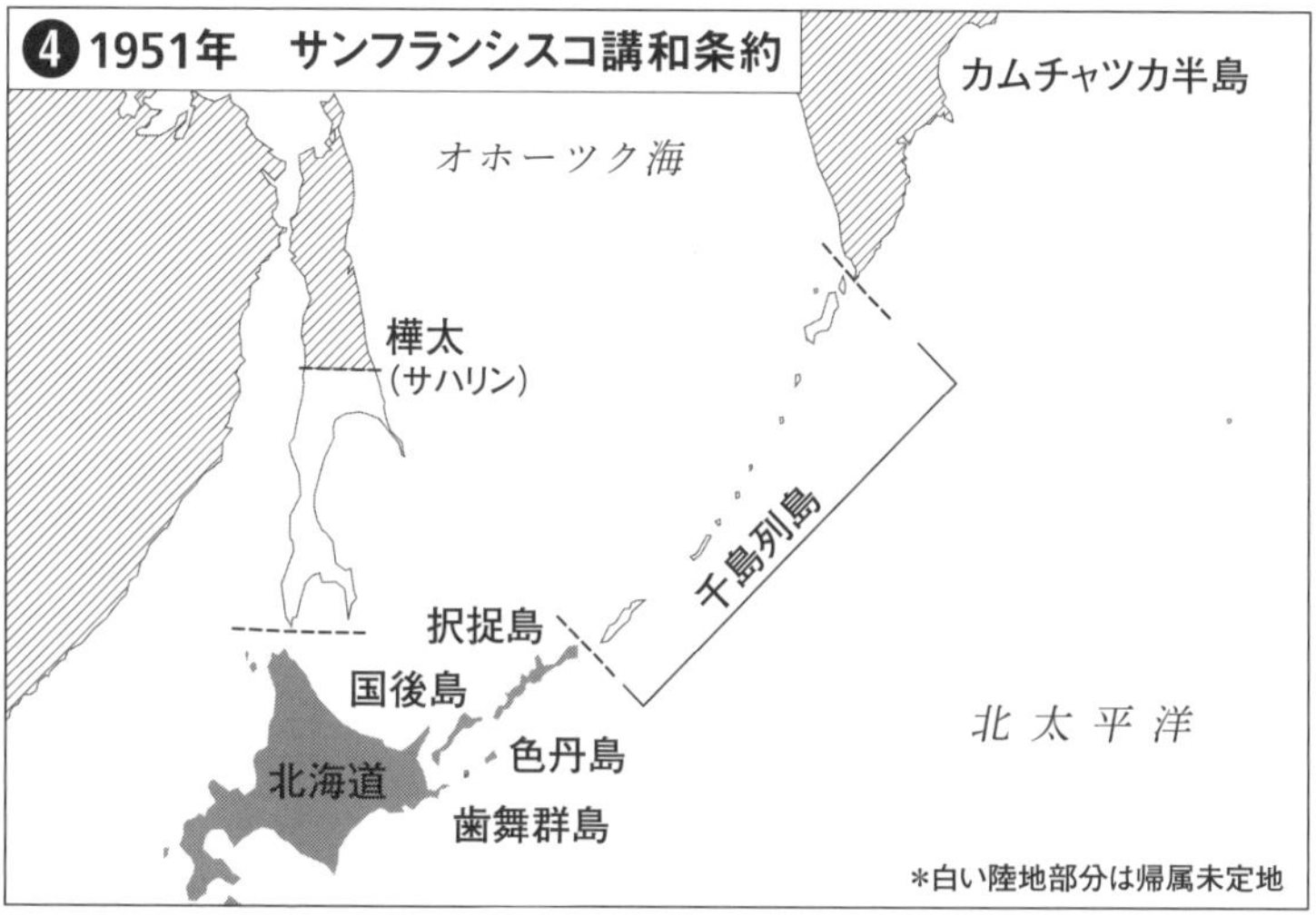
❹1951年　サンフランシスコ講和条約
カムチャツカ半島
オホーツク海
樺太
(サハリン)
千島列島
択捉島
国後島
色丹島
北海道
歯舞群島
北太平洋
*白い陸地部分は帰属未定地

日本に渡す、そう決めたのが1875年の「樺太・千島交換条約」です。これで北方四島から千島列島まで、すべて日本の領土になりました。さらに1905年、日露戦争で日本が勝利した結果、「ポーツマス条約」によって樺太の南半分まで日本の領土になったというわけですね。

そして1945年、日本は太平洋戦争に敗れます。1951年に締結された「サンフランシスコ講和条約」によって日本はアメリカをはじめとする連合国と、「戦争は完全に終わりました。お互い平和に暮らしましょう」という平和条約を結びました。

しかし当時は、東西冷戦が激化し始めていた頃でした。ソ連は「サンフランシスコ講和条約」に参加しなかったのです。日本国内では、ソ連も含めた講和条約でなければ意味がないという意見が出ますが、結局ソ連以外の連合国との間で講和条約を結びました。「サンフランシスコ講和条約」では、千島列島は放棄します、樺太の南半分も放棄します、日本はそう宣言しました。

Q 平和条約を結んでいない日本とロシアの間には、あるべきはずのものがありません。さて、何がないのでしょう？

――国交は回復していますよね。となると……？

すぐには浮かばないかもしれませんね。１９５６年に国交は回復しています。しかし、平和条約を結ぶには至りませんでした。平和条約を結ぶということは、国境線を確定するという意味があるんですね。

日本は、千島列島と樺太の南半分は放棄すると宣言はしたけれども、現在まで平和条約を結んでいないので、ソ連との間で国境線は確定していないのです。ソ連が崩壊してロシアになっても、国境線が確定しない状態が続いています。

日本でつくられた世界地図を見ると、樺太の北はロシアの色に、日本は別の色に塗られていますが、樺太の南部は白いままでしょう。帰属未定地という扱いなんですね。「サンフランシスコ講和条約」において、樺太の南半分の領有権を放棄した。しかしロシアとは平和条約を結んでいない。国境線が確定していないから、樺太の南半分をロシアのものだと正式には認めていません。

千島列島も同じです。全部白くなっているでしょう。「サンフランシスコ講和条約」で日本は放棄したけれど、ロシアのものだと認めているわけではありません。これが日本政府の立場なのです。

ロシアでつくられた地図を見るとどうなっているか。樺太の南半分も千島列島も、北方領土もロシアの色に塗られています。地図からも、日本とロシア両国の立場がわかりますね。

――「樺太・千島交換条約」で、日本はなぜ千島列島を取ったのですか？　大きな樺太と比べると、日本がすごく損をしたように見えます。

樺太には日本人も住んでいたから、「日露通好条約」では、どちらのものでもないと決めました。実際には圧倒的にロシア人が多かったのです。地理的に見てもロシアとほぼ地続きですから、樺太は全部ロシアに渡そうということになったのです。

でも日本も領土が欲しい。そこで千島列島を日本にもらおうということになりました。千島列島はいくつもの島が飛び飛びになっているし、面積もすごく小さいでしょう。でも、千島列島の先を見てください。すぐそこには、カムチャツカ半島がある。その先には、アラスカも見える。当時の日本は、千島列島を領土とすることで、ロシアそしてアメリカへと将来的な領土的野心を持っていた、という考え方もできるのです。

日本が真珠湾攻撃をした時、連合艦隊は択捉島から出発しているんです。日本列島の南部から出ていくと、アメリカ軍やイギリス軍に見つかってしまう恐れがある。まさか、北方からハワイに来るとは思っていないだろう。日本にとって千島列島と北方四島を領土にすることは、戦略的な意味もあったのです。

戦時性暴力による悲惨な歴史があった

日本が支配する旧満州や千島列島、樺太南部にソ連軍の大部隊が攻め込んできた時に、大変な悲劇が起きます。

ソ連軍の兵士たちは侵攻していく過程で、日本の女性を次々と襲いました。こういう性被害を、戦時性暴力といいます。いつ死ぬかわからない戦争という異常な状態の中で、男性は子孫を残したいという衝動に駆られるのです。

日本の女性に対する戦時性暴力がとてつもない規模で行われました。ソ連の独裁者スターリンは、侵攻した他国で女性を襲うことを容認しました。お墨付きをもらったソ連の兵士たちは、侵攻した先々で性暴力を繰り返したのです。

日本の女性たちの中には、髪の毛を丸刈りにして男の子を装い、かろうじて助かった人もいます。しかし多くの女性たちが、性暴力の被害に遭いました。それによって妊娠した女性たちもいます。強姦を恐れて集団自殺をする女性たちもいました。

当時の日本では、これは恥だという考え方が強く、ソ連軍の兵士による性暴力の事実についてはロを閉ざし続けていたのです。その結果、この悲しい歴史はほとんど語られないまま時が過ぎ、日本の多くの人たちが知らないままになっているのです。

ちなみに、ソ連軍は東ヨーロッパでもまったく同じことをしました。ポーランドや東ドイツでも、大勢の女性たちが戦時性暴力の被害に遭っています。しかし、ソ連に占領され、ソ連寄りの国につくり変えられたことで、被害者たちは訴えることができないままになってしまいました。

日本軍による従軍慰安婦は、被害を一般の人に広げないように慰安婦を同行したということなのです。ほとんどは日本女性でしたが、中には日本が占領した国や地域で慰安婦になった現地の女性たちがいた。とりわけ韓国の女性が多くいたのです。

日本軍は、兵士たちは慰安婦で性欲を処理しなさい、一般の女性を襲ってはいけません、そういうやり方をとったわけですね。慰安婦を同行させたのは日本軍だけではありません。ほかの国でもありました。戦争を起こすとどこの国でも戦時性暴力は起きてしまう、ということを知っておいてください。

国後、択捉は日本のものではないと発言した歴史がある

北方領土問題に戻ります。日本とソ連、そして現在のロシアとの間では、どのような話

し合いがされてきたのかを見ていくことにしましょう。

日本が正式に降伏するまでの空白の期間に乗じて、北方領土はソ連軍によって占領されてしまいます。日本としては、国後、択捉、歯舞、色丹の4島に関しては、そもそも1855年の「日露通好条約」で、日本のものだと決まっている。日本固有の領土であるという方針をとってきたことになっています。

ところが、1950年、国会の質疑応答で「千島列島にどこまで含まれるか」という問いに「歯舞、色丹は千島に含んでいない（すなわち国後、択捉は千島列島に含まれる）」と、答弁に立った政府の幹部が言ってしまった。

1951年の「サンフランシスコ講和条約」で日本は千島列島を放棄しますよね。ということは、国後、択捉は日本の領土ではないことになってしまいます。

1956年にその答弁を取り消して、国後、択捉は千島列島ではない。日本固有の領土だ、という言い方に変えました。

現在、日本政府は国後、択捉、歯舞、色丹を日本固有の領土だと主張していますが、1950年に国後、択捉は日本のものじゃないと言っているじゃないかと、ロシアから責められても仕方がない弱みもあるのです。

——なぜ、日本に不利になるような答弁をしたのでしょう？

これはすごく難しいところですね。千島列島はどこまでなのか。地理的な概念として、歯舞、色丹は間違いなく千島列島に含まれない。日本の北海道の一部だということは明らかです。

しかし国後、択捉に関しては、千島列島の一部だという考え方もあるんです。日本政府としても、最初はその考え方に基づいて、国後も択捉も日本が放棄した千島列島に含まれますと言っていた。昔から、北方四島は固有の領土だと言っていたわけではないんですね。だからこの答弁自体、その時点で間違いだったとは一概に言えないのです。政治的に判断して、北方四島が日本固有の領土だという言い方は、1956年から始まったということです。

日米安保改定が、日ソ平和条約の障害となった

戦争が終わったのに、日本とソ連の間では平和条約が結ばれていない。異常な状態をなんとかしなければいけない。1956年、鳩山一郎《はとやまいちろう》総理大臣がソ連に行き、フルシチョフ第一書記らと会談。鳩山総理とブルガーニン首相が「日ソ共同宣言」に署名し、国交を回復します。国と国との付き合いは、再開しようということになりました。しかし、まだ

平和条約は結んでいません。北方領土問題も未解決で、国境も確定していないままです。

この時、フルシチョフ第一書記は、日本とソ連が平和条約を締結したあとに、歯舞と色丹は返還すると約束しました。1945年の9月2日に国際法上では戦争が終結しているのにもかかわらず、ソ連は歯舞と色丹に侵略したという引け目があります。日本政府も、歯舞と色丹だけが日本のものだと発言したこともある。フルシチョフ第一書記との間で、平和条約を結んで、国境線を確定させる時に、歯舞、色丹は返しましょうという話になりました。

Qところが1960年、日本とソ連の関係を引き離す出来事が起こります。

――1960年には安保条約の改定がありました。それが関係あるのでしょうか？

それが、大いに関係があったんです。日本は岸信介《きしのぶすけ》総理大臣のもとで、日米の軍事同盟がより強化された日米安全保障条約の改定が締結されます。

ソ連は態度を硬化させます。なぜか。当時は東西冷戦時代です。ソ連とアメリカは、冷たい火花を散らし続けていました。

敵国であるアメリカと強い同盟を結んだ日本に、歯舞、色丹を返すわけにはいかないと、フルシチョフ第一書記の約束を反故《ほご》にしてしまうんですね。この状態が、現在まで続いているのです。

日本は、アメリカなどの連合国とは「サンフランシスコ講和条約」で一括して平和条約を結びました。１９６５年に韓国と日韓基本条約を結び、１９７８年に中国とも平和条約を結びます。

しかし、いまだにロシア、北朝鮮とは平和条約を結んでいない。日本にしてみれば、北方領土問題が解決しないかぎり、ロシアと平和条約を結ぶわけにはいかないという態度なのです。

——日米安保条約の改定で、なぜソ連が態度を硬化したのですか？　アメリカと敵対しているというだけで、隣国の日本との関係を改善しないというのは、ソ連にとって逆に不利益になるような気がします。

それについてもちゃんと説明しておいたほうがいいね。「日米安全保障条約」は、もし日本がどこかの国から侵略を受けた場合は、アメリカ軍が日本を守りますよ、というものです。そのためにアメリカ軍が日本に駐留しています。

歯舞と色丹を日本に返還したら、そこにアメリカ軍の基地がつくられる可能性もある。ロシアにすれば、自国の目の前にアメリカ軍の基地ができたら、まさに悪夢です。

北方領土を日本に返還することによって、アメリカ軍が駐留するのではないか。ロシアのシベリアなど東部一帯を監視できる高度なレーダーシステムを設置されたら、軍事的な秘密が全部ばれてしまう。だから歯舞、色丹を返すと言わなくなってしまったのです。

歯舞、色丹の2島返還が実現しない理由

現在も安倍総理大臣とプーチン大統領が北方領土問題をめぐって、議論をしています。プーチン大統領は、レニングラード大学法学部の出身です。法律は守らなければいけないという意識はあるはずです。

歯舞、色丹は、国際法上は戦争が終結したあとに奪ったものです。いずれ返さなければいけないという思いは持っている。でも返還後、そこにアメリカ軍基地ができてしまったら困る。

ロシア側の立場に立って考えると、歯舞、色丹にアメリカ軍施設は置かないという約束が取りつけられれば、返してもいい、と本音では思っているでしょう。

――では、2島だけ返還される可能性は高いと考えていいんですか？

そこが外交の難しいところで、簡単にはいきません。もし、日本がロシアとの間で、ア

図表⑬—北方領土をめぐるこれまでの流れ｜出典：外務省HP

年	動き
1855	日露通好条約締結。択捉島より南は日本領と確認。樺太（サハリン）には国境を設けず、両国民混在の地とした
1875	樺太・千島交換条約締結。日本は樺太を放棄するかわりに千島列島を獲得
1904	日露戦争勃発
1905	ポーツマス条約締結。樺太の北緯50度以南が日本に譲渡される
1941	4月、日ソ中立条約締結。12月、太平洋戦争勃発
1945	8月、ソ連が日本に宣戦布告
1951	サンフランシスコ講和条約調印。日本はポーツマス条約で獲得した樺太の一部と千島列島を放棄（しかし、ソ連はこの条約に署名していないため、権利を主張できない）
1956	日ソ共同宣言。平和条約締結後に歯舞と色丹を日本に引き渡すことが明記される
1960	日米安全保障条約改定にソ連が態度を硬化させ、日ソ共同宣言を反故に
1993	東京宣言。北方領土の帰属問題を解決し、平和条約を締結させることを確認する
2001	イルクーツク声明。1956年の日ソ共同宣言が、交渉の基本となる法的文書であることを確認し、東京宣言に基づき交渉を促進させることに合意
2013	プーチン・安倍初会談。
2018	9月の東方経済フォーラムで、プーチン大統領が「前提条件なしで年末までに平和条約締結」を提案

1945年 8〜9月の動き

8月9日
ソ連軍が旧満州に侵攻

15日
玉音放送でポツダム宣言受諾、戦争停止に。だがこれ以降も、ソ連軍の侵攻は止まず

28日
ソ連軍が択捉島を占領

9月1日
ソ連軍が国後島を占領

2日
戦艦ミズーリ号の船上で、日本が降伏文書に調印

5日
ソ連軍が歯舞、色丹を占領、ソ連に編入

北方四島の面積

（単位：平方キロメートル、右は比較の参考）

択捉島	3168	（鳥取県 3507）
国後島	1490	（沖縄本島 1207）
色丹島	251	（隠岐本島 242）
歯舞群島	95	（小笠原諸島104）
全体	5003	（福岡 4986）

北方四島の人口（人）

	日本人（1945年当時）	ロシア人（2016年）
択捉島	3608	5934
国後島	7364	7817
色丹島	1038	2917
歯舞群島	5281	ー
全体	1万7291	1万6668

メリカ軍の基地はつくらないという約束をしたら、当然アメリカは怒るよね。日本を守るために日米安保条約を結んでいるのに、アメリカ軍は日本国内で自由に行動できないことになる。

今度はアメリカとの関係が悪くなってしまうから、安倍総理大臣としては、プーチン大統領との話し合いの中で、歯舞、色丹にはアメリカ軍の基地を置かないから大丈夫ですよ、と約束するわけにはいかない。

北方領土問題は非常に難しい駆け引きがあって、なかなか進展しません（図表⑬）。それが現状なのです。

――北海道の先端にも米軍が来る可能性はありますよね。ロシアが、色丹島と歯舞群島に米軍基地を置かれて困る理由はなんですか？

地理的に見ればそうだね。でも、色丹島と歯舞群島は、現在ロシアが実効支配していいます。ロシアだったところにアメリカ軍が来ることに対する抵抗感がすごく強いのです。

さらに、もし歯舞と色丹を返したら、国後、択捉と歯舞、色丹の間に日本とロシアの国境線が引かれることになるでしょう。ロシアとの国境線ぎりぎりのところにアメリカ軍が駐留する。もしミサイル基地でもつくられたら大変だという危機感があるのです。

第二次世界大戦の時に、ソ連はドイツからの侵攻を受けて2600万人もの国民が殺されています。だから国境を接しているところに対して、とても敏感なのです。

――米軍基地は沖縄に集中していますよね。アメリカは、色丹島と歯舞群島に基地を置きたいのでしょうか？

現在、アメリカ軍がロシアを監視しているのは青森県の三沢基地です。そこでロシアの軍事情報や無線のやりとりを傍受しています。だからアメリカは、歯舞、色丹に基地を置かなくてもいいんです。

しかし日米安保条約で、アメリカが日本を助けるという約束をしています。日本が歯舞、色丹にはアメリカ軍を置かないでくださいというのなら、もし尖閣諸島で軍事的な衝突が起こっても、アメリカは行かなくていいですね、と言われるでしょう。日本は困ってしまうよね。

歯舞、色丹にはアメリカ軍を置きません、と勝手に約束する権利は日本にはないのだということです。

4島一括返還にこだわると難しい

――日本政府は、なぜ2島返還ではなく4島一括返還にこだわっているのでしょうか。

そもそも北方4島は日本固有の領土である、と宣言してしまった以上、その方針を途中で取り下げるわけにはいかない、という日本政府の立場があります。国後や択捉は、歯舞、色丹よりずっと面積が広い。昔、大勢の日本人が住んでいて、お墓もある。だから4島とも返してもらわないと、北方領土問題は解決しないと考えているのです。

でも、ロシアの行動を見ると、4島一括返還をする気はないことがわかります。どういうことか？　国後と択捉にロシア軍の基地をつくっているんですね。

言ってみれば、北方領土はロシアにとっての緩衝地帯なのです。有事の際、ロシアの領土に直接影響が出ない緩衝地帯として、国後と択捉だけは自分のもとに置いておきたい。将来的に歯舞、色丹が日本に返還された時に、ここがロシアとの国境線になるでしょう。その時を見据えて国後と択捉の守りを固めようとしているのです。

——北方領土問題は、何をもって解決したといえるのでしょうか？

日本が、4島一括返還にこだわっているかぎり、ロシアは絶対返さないでしょう。だけど、日本側が、2島でいいから返してほしいと言うと、国内の右翼から裏切り者と攻撃を受ける可能性がある。

日本の政治家は、かなりの人が4島一括返還は無理だとわかっています。わかっているけれど、2島でいいですと言った途端、自分の身が危うくなるから、決して口にしない。4島一括返還を言い続けているかぎり、悪いのは返さないロシアだという理屈になるでしょう。それによって、政治家は自分の身の安全が保たれる。そういう構図になっているんですね。

2島先行返還の可能性があった

でも、こんなことをやっていたら、いつまでも北方領土問題は解決しないと、解決策を考えた人がいます。それが、当時衆議院議員だった鈴木宗男《すずきむねお》氏と、その懐刀で外務省主任分析官だった佐藤優氏です。

2001年に、「2島先行返還」というアイデアを出しました。この「先行」というのが、アイデアだったわけです。

ロシアには、4島返還は無理なので歯舞、色丹を先に返してもらう。それで国後、択捉には、これまでどおりロシアの人たちに住んでもらってもいい。自由に使ってください。しかし国後と択捉はもともと日本のものだということは認めてほしい。潜在的な主権が日本にあることはなんとか認めてほしい。そういう妥協策を考えたんですね。その結果、当時の森喜朗総理大臣とプーチン大統領の間で「2島先行返還」の話が内々にまとまっていたんです。

いよいよ2島先行返還を具体的に進めようとなった時に、森内閣が支持率の低下で総辞職し、小泉内閣に代わりました。小泉純一郎総理大臣は、外務大臣に田中真紀子氏を任命。田中氏は2島先行返還の話を知った途端、これはなんだと怒ります。

田中真紀子氏の父は、元総理大臣の田中角栄です。豪腕の総理大臣として鳴らした田中角栄は、1973年にソ連のブレジネフ書記長との会談で、「北方領土問題など存在しない」と言い続けていたソ連に、領土問題があることを認めさせた実績がありました。また、田中角栄は4島返還にこだわりました。

そのため、2島先行返還なんて、父の努力を台無しにするものだ。そんな話は聞いてないと、ちゃぶ台返しをして、全部なかったことにしてしまった。

当然、ロシアは日本政府に対して不信感を持ちます。日本から2島先行返還の提案をしてきたから、ロシアもその考えに賛同した。でも、日本側が断ってきた。その結果、現在も北方領土問題は、まったく動いていないということです。

歴史に「もし」はありませんが、森内閣が総辞職しなければ、田中真紀子氏が外務大臣にならなければ、2島先行返還は実現していたかもしれません。

――仮に「2島先行返還」が成立したとして、国後と択捉について日本の潜在的な主権があることをロシアに認めさせることができた場合、日本にとってはどんなメリットがあるのでしょうか？

今は2島しか返ってこないけれど、残りの2島も、もともと日本のものだということをロシアが認めていることにしておけば、「北方領土問題は解決していないじゃないか」「残り2島はどうなっているんだ」という声を説得する材料になる。

もし歯舞と色丹の2島先行返還が実現したとします。歯舞と色丹には、現在ロシアの人が住んでいる（写真⑦）。歯舞、色丹がふるさとだというロシア人たちがいるんです。

そこの人たちに対して、もうここは日本の

写真⑦―ロシア人が暮らす、色丹島の集落｜写真提供：時事通信社

領土になったのだから出て行ってくださいというわけにはいかないよね。

では、どうすればいいか。ロシアの国籍を持ったままで、日本の領土である歯舞、色丹にこれまでどおり住んでいてもいいですよという永住権を与える。

たとえば、そこで医師のロシア人がいたとします。日本の領土になったら、日本の医師免許を持っていなければ医療活動はできません。そういういろんな問題が起こってくるわけです。

だから、ロシアの医師免許を持っている人も、そのまま医師として活動をしてもいい。普段ニュースに出てこないけれど、そういう特例をひとつずつつくっていくことで、歯舞、色丹を日本の領土に戻そうという、具体的な検討も実は行われてきたのです。

首脳同士の仲も大きく関係

日本とロシアの関係の中で、4島一括返還は現実的には不可能です。4島一括返還を言い続けているかぎり、北方領土は戻ってきません。

だから、2島だけを返してもらうやり方は、政治的にはあり得ると思います。しかしそれによって右翼から攻撃されるかもしれないという思いがあると、なかなかそこに踏み込めない。

でも、現在は保守派の安倍総理大臣です。右翼の多くは安倍総理を応援しています。安倍さんがやるのなら仕方ないと妥協する可能性はあります。

たとえば立憲民主党が政権を取って2島返還を言おうものなら、そんなことは絶対許さないと、自民党や保守層が猛反発します。ところが保守層から全面的な支援を受けている安倍総理大臣が、北方領土問題も解決しないといけないから、2島返還で交渉しようと言ったとします。文句を言う人もいるでしょう。でも、安倍総理大臣が言うならしょうがないかと認めてしまう可能性がある。そんな不思議な構造になっているんです。

いちばん近い例が2015年12月の「日韓合意」です。慰安婦問題は解決している、韓国に妥協しちゃいけない、賠償金など払う必要はない。それが自民党の姿勢でした。ところが安倍総理大臣が、これを最後にすることを条件に韓国に対し10億円を拠出しようと言い出した。その時、ほとんどの右翼や保守層は黙ったんですね。

アメリカでも同じようなことがありました。アメリカと中国が平和条約を結ぼうとした時に、保守層は中華人民共和国などという共産党の国と仲よくなる必要はない。台湾と仲よくしていればいいと言っていた。その急先鋒は共和党でした。

その共和党の中でも最右翼のニクソンが大統領になった。ニクソンが中国と平和条約を結びますと言った途端、アメリカ国内は黙っちゃったんですね。

民主党は中国と仲よくすべきだと言っていた。共和党は仲よくすべきじゃないと言っていた。その共和党のいちばん右寄りの人が、中国と仲よくするって言った途端、共和党は黙っちゃったという構造があるんです。

だから、北方領土問題を解決するためには、安倍総理大臣が政権をとっている間が実はチャンスなのです。

ロシアでも国民の強い支持を受けて大統領に再選されたプーチン大統領には、誰も逆らえない。トップの権力基盤が弱い時に、日本と妥協しますと言うと、国内で反発が出る。ところがプーチン大統領は、絶対的権力を握っている。

もしプーチン大統領が、安倍総理大臣と仲よくなって、北方領土を日本に返すと言い出したとします。ロシアではどんなに不満があっても、誰も文句を言わないでしょう。

もうひとつ、このあとの章で話しますが、ロシアには豊富なエネルギー資源が眠っています。ロシアはシベリアやサハリンでの天然ガスの開発に、日本の技術や資金の協力が欲しいのです。エネルギー資源開発を切り口に、北方領土問題で妥協が成り立つチャンスもある。

だから、ロシアが民主的かどうかとか、安倍政権の評価がどうかはまったく別にして、安倍総理大臣とプーチン大統領が両国のリーダーとして存在している間は、北方領土問題が少しでも前に進む可能性がある、ということです。

第5章
「国際紛争への介入」から見るロシア

ロシアは守りに弱い国

ソ連の時代からロシアという国は、他国からの侵略に対して大きな恐怖心を持っている。北方領土にこだわるのも、有事の時の緩衝地帯が欲しいからだという話をしました。

――ロシアは軍事力も強いのに、なぜそれほど危機感を持っているのですか？

いい質問ですね。確かに第二次世界大戦では、ドイツに侵略されて大きな被害を受けました。しかし東西冷戦時代も過ぎ、強力な軍事力を持っているロシアがなぜ、という疑問が湧きますよね。

ロシアと周辺諸国を地図で見ると、ロシアの国境線は、とてつもなく長いでしょう。ロシアは11の国と陸続きの国境を接しています（ロシアの飛び地であるカリーニングラードは除く）。

強大な軍隊を持っているとはいえ、国境線沿いに国境警備隊を張りつけたら、何十万人必要なのか。現実問題としてロシアは国境線すべてを守りきることはできません。「地政学」的にいうと、ロシアは、守りに弱い国なのです。「地政学」とは第1章で説明したように、その国の地理と政治が密接に関わっているという理論です（p35）。

日本は、周りを海で囲まれている島国です。イギリスもそうです。アメリカもすごく大きいけれど、ひとつの大陸のようなものですよね。

しかしヨーロッパの国々は、広大なユーラシア大陸の中で地続きになっています。海岸線を持っている国。四方を他国に挟まれた国。いろんな地理的な条件があります。特に隣にどんな国があるか。それがその国の政治や経済、防衛などに大きな影響を与えます。

ロシアの地理的条件を見ると、北は氷に閉ざされた北極海。西と南は、多くの国と国境を接しているでしょう。だから先ほど話したように、手薄な国境線を破られて、いつ攻め込まれるかもしれない。でも、国境の向こう側に自分の言うことを聞く国を置いておけば、自分の国は攻められることがない。そう考えてきたのです。

ロシアの人の気持ちになってみれば、自分の国を守ることがとても難しいと思っている。国の地理的条件が違うと、守る時の意識も違う。私たちは、それを理解しなければいけないですね。

日本における第二次世界大戦の犠牲者は320万人です。これはすごい数です。しかし、ソ連では2600万人が犠牲になりました。日本よりはるかに多くの人々が犠牲になった。その数がどれほど大きなものか。侵略されたことへの恐怖がトラウマのようになってロシア人の心にはりついているのです。

東西冷戦時代のソビエト連邦を地図で見てみましょう（p18地図①）。現在は独立していますが、リトアニア、ベラルーシ、ウクライナ、モルドバの西側を見ると、ポーランドやチェコスロバキア、ハンガリー、ルーマニアなどの国があります。これらは、ソ連の影響下にあった東ヨーロッパ諸国です。第二次世界大戦後、ナチス・ドイツに占領されていた東ヨーロッパの国々をソ連が占領し、ソ連の言うことを聞く国にしていったのです。

そのさらに西側には、西ドイツやフランスなどアメリカの仲間の西側諸国がありますが、もし西側諸国との戦争が起こっても、とりあえず戦場になるのは東ヨーロッパ諸国です。ソ連はいきなり侵攻される恐れはありません。緩衝地帯である東ヨーロッパ諸国が戦場になっている間に、ソ連は戦争の準備ができるというわけです。

東ヨーロッパ諸国の反発

ロシア帝国が滅び、ソ連が誕生しました。第2章でお話ししたように、この国は国民が選挙で代表を選ぶ民主主義の仕組みをまったく経験しないまま、いきなり社会主義の専制主義になりました。

それに対して、東ヨーロッパ諸国の中には長い民主主義の歴史を持っている国もありました。そこに、いきなりソ連型の社会主義、専制主義を押しつけられると、当然それに対する反発が起きるわけだよね。

東ヨーロッパ諸国では、ソ連の支配から抜け出して独自の民主主義を目指そうという動きが、散発的に起こりました。

Q 東西冷戦時代、東ヨーロッパで起こった民主化運動は、どんな結果を見たでしょう?

——ソ連によって阻止されました。


そのとおりですね。たとえば、ハンガリーやチェコスロバキアで民主化運動が起きました。ハンガリーでは、1956年10月にブダペストの学生、労働者が積年のスターリン体制を批判してデモを行ったことがきっかけとなり、民衆が全国的に蜂起。ソ連軍は戦車2500両、歩兵部隊15万人で侵攻して制圧にかかります。2か月間に及ぶ戦闘で、ハンガリー側では死者1万7000人、ソ連側も1900人の犠牲者を出しました。

チェコスロバキアでは、1968年の春から夏にかけて、共産党内改革派の手で「プラハの春」と呼ばれる改革の試みがなされますが、ワルシャワ条約機構軍による武力介入で弾圧されて終わります。

それ以降、民主化運動が起こると必ずソ連軍の戦車がやってきて潰されてしまうのではないかと恐れるようになります。東ヨーロッパの国々は、ソ連に対する恐怖心を抱きながら過ごすことになりました。

ゴルバチョフが大統領に就任すると、ソ連と東ヨーロッパ諸国の関係が大きく変わります。ゴルバチョフ大統領は、民主的な考え方を持っていました。

東ヨーロッパの国々の民主化を戦車で押し潰すようなやり方はしないと宣言します。これによって、東ヨーロッパの国々は民主化に向かって進めるようになります。

ゴルバチョフ大統領はペレストロイカやグラスノスチによってソ連を改革しようとしますが、結果的には失敗に終わります。さらに、周辺の東ヨーロッパ諸国の民主化が進み、ソ連は崩壊への道を進んでいったわけです。

ソ連が、アフガニスタンへ侵攻した

1979年、ソ連はアフガニスタンへと侵攻しました。現在のトルクメニスタン、ウズベキスタン、タジキスタンの南側にある国です。ソ連の時代、トルクメニスタン、タジキスタン、ウズベキスタンはソ連の一部でした。つまりアフガニスタンは、ソ連と国境を接していたのです。

当時のアフガニスタンは国王がいるイスラム教の国で、眠ったような静かな国でした。しかも資源も何もない、非常に貧しい国でした。ソ連にとって、まったく脅威ではなかったのです。

ところが１９７０年代の後半頃から、アフガニスタン国内でクーデターが繰り返し起こり始めます。１９７８年に共産主義政権が生まれますが、それに対抗する武装勢力がアフガニスタン各地を支配下におさめます。

このままでは、ソ連にとって言うことを聞かない国が国境の向こう側にできる可能性があります。ソ連は、アフガニスタンを自分の言うことを聞く国にしてしまおうと考えるんですね。

１９７９年12月25日、ソ連軍が突然アフガニスタンを攻撃し、占領してしまいます。勝手によその国を攻撃することは、国際法に違反します。

ソ連は、どんな理屈をつけたのか。アフガニスタンの国内が情勢不安になったので、アフガニスタン政府から助けてほしいという依頼があった。ソ連はアフガニスタン政府を助けるために軍隊を派遣した。国際的にはそういう理屈をつけて、アフガニスタン侵攻を正当化しました。

実際はどうだったのか。ソ連軍はアフガニスタンに侵攻すると、アフガニスタンの大統領を殺害します。そしてソ連の言いなりになる人物にすげ替えました。ここから現在に至るアフガニスタンの混乱が始まります。

Q ソ連のアフガニスタン侵攻によって、日本も参加予定だった国際的なイベントが影響を受けます。わかりますか？

――**モスクワオリンピックです。**

よくわかりましたね。1980年のことだからみなさんが生まれるずっと前の話です。モスクワでオリンピックが開催される予定でした。国際社会はソ連のアフガニスタン侵攻を非難します。アメリカのカーター大統領は、こんな侵略国家で開かれるオリンピックに参加すべきではないと、世界各国にオリンピックのボイコットを呼びかけました。

日本も、モスクワオリンピックをボイコットすることになります。柔道など金メダル候補の選手たちは涙ながらの記者会見を行いました。

日本のテレビ局が大損害を被った

ここからは、少し余談に付き合ってください。現在のテレビ朝日は、当初は日本教育テレビという教育専門のテレビ局でした。でも、NHKにも教育テレビがあるでしょう。民放で教育専門チャンネルをやっても、視聴率はとれないし、コマーシャルも入らない。経営的に厳しい状態になったんですね。その時に朝日新聞が出資して、全国朝日放送と名前を変え、略称を「テレビ朝日」としました（2003年に社名をテレビ朝日に変更）。

日本教育テレビから全国朝日放送に名前を変えたことを日本中の人にアピールしたい。何かいい手はないかと考え、モスクワオリンピック中継権を独占することに成功しました。日本国内は大騒ぎになります。当時、テレビ朝日は、まだ全国ネットではなかったからです。

ところが、日本はオリンピックをボイコットすることになりました。日本選手が出ないオリンピックなんて、興味ないよね。結局、テレビ朝日は大損害を被りました。ほんとに、余談でしたね（笑）。

ソ連はぼろぼろになって撤退した

話を戻しましょう。ソ連がアフガニスタンに侵攻しました。アフガニスタンはイスラム教徒が圧倒的に多い国です。

イスラム教には、「ジハード」という考え方があります。よく「聖戦」と訳されますが、厳密に言うと、戦争だけに限ったものではないのです。

本来「ジハード」は、「イスラム教徒として努力をする」という意味なのですね。だから、イスラム教の戒律を守ることも「ジハード」。朝、日の出前にお祈りをするために眠い目をこすりながらがんばって起きることも「ジハード」なんです。さらにイスラム教徒の国に異教徒が攻め込んできた時には、自分たちの土地を守るために戦う。それも「ジハード」になるわけです。

ソ連は共産主義を目指している国です。マルクスが「宗教はアヘンだ」とたとえたように、宗教は否定されています。これを「無神論」といいます。「神は存在しない」という考え方です。イスラム教徒の土地に、宗教を否定する国の軍隊が攻め込んできた。アフガニスタンのイスラム教徒たちはソ連軍と戦うべく、武器を持って立ち上がりました。さらに周辺のイスラム教の国、サウジアラビアなどから大勢のイスラム教徒たちが、アフガニスタンのイスラム教徒の応援に駆けつけます。

イスラム教徒たちの反撃によって、ソ連軍は大苦戦、戦争は泥沼化していきます。ソ連は、アフガニスタンとの戦争に莫大な費用をつぎ込むことになり、多数の兵士が戦死しました。

結局、ソ連軍はぼろぼろになって、1989年にゴルバチョフ書記長はアフガニスタンからの撤退を決意します。約10年に及ぶ泥沼の戦闘は、ソ連崩壊の引き金となりました。

アメリカがアフガニスタン軍を支援した

Q アフガニスタンにソ連が侵攻したことを知り、アメリカはしめたと思いました。なぜでしょう?

――ソ連の敵意がアメリカのほうに向かなくなるから?

なるほど。確かにアメリカとソ連は、東西の大国としてにらみ合っていました。そんな中、アフガニスタンにソ連軍が侵攻した。アメリカはアフガニスタンでソ連軍を徹底的に痛めつければ、ソ連を弱体化させることができると考えたのです。

具体的にアメリカはどんなことを行ったのか。ジハードに参加して戦うイスラム聖戦士のことをムジャヒディンと呼びます。アメリカは、アフガニスタンでソ連軍と戦うムジャヒディンを支援しようと考えました。

しかし、アフガニスタンは内陸にある国で海に面していません。ということは、アメリカ軍は船から陸揚げした軍事物資や兵器をアフガニスタンに直接運ぶことができないんですね。

アフガニスタンの西側にはイランがあります。イランは、歴史的にアメリカと敵対している反米国家です。当然、イランを経由して武器を運ぶことはできません。

そこで、東側のパキスタンを経由して、大量の武器をアフガニスタンに送ろうと考えます。パキスタンには、アメリカ寄りの政権がありました。アメリカ軍がパキスタン軍に大量の兵器を渡し、パキスタン軍からアフガニスタンのムジャヒディンに武器を流してもらうことにしたのです（図表⑭）。

アフガニスタンの戦争で大きな力を発揮したのは、携帯型で誰でも簡単に扱える「スティンガー」（写真⑧）と呼ばれる地対空ミサイルです。アメリカ軍は最新式の地対空ミサイルをパキスタン経由でアフガニスタンのムジャヒディンに渡します。

それまでムジャヒディンは、小銃のような武器しか持っていませんでした。ソ連は、大型のヘリコプターで空からムジャヒディンを攻撃します。ひとたまりもなく、みんなやられていました。

そこにアメリカ軍の携帯用の地対空ミサイルが届けられます。ミサイルをソ連のヘリコプターの方角に向けてスイッチを押すと、自動的にソ連軍のヘリコプターのエンジンから

図表⑭—**ソ連のアフガニスタン侵攻**

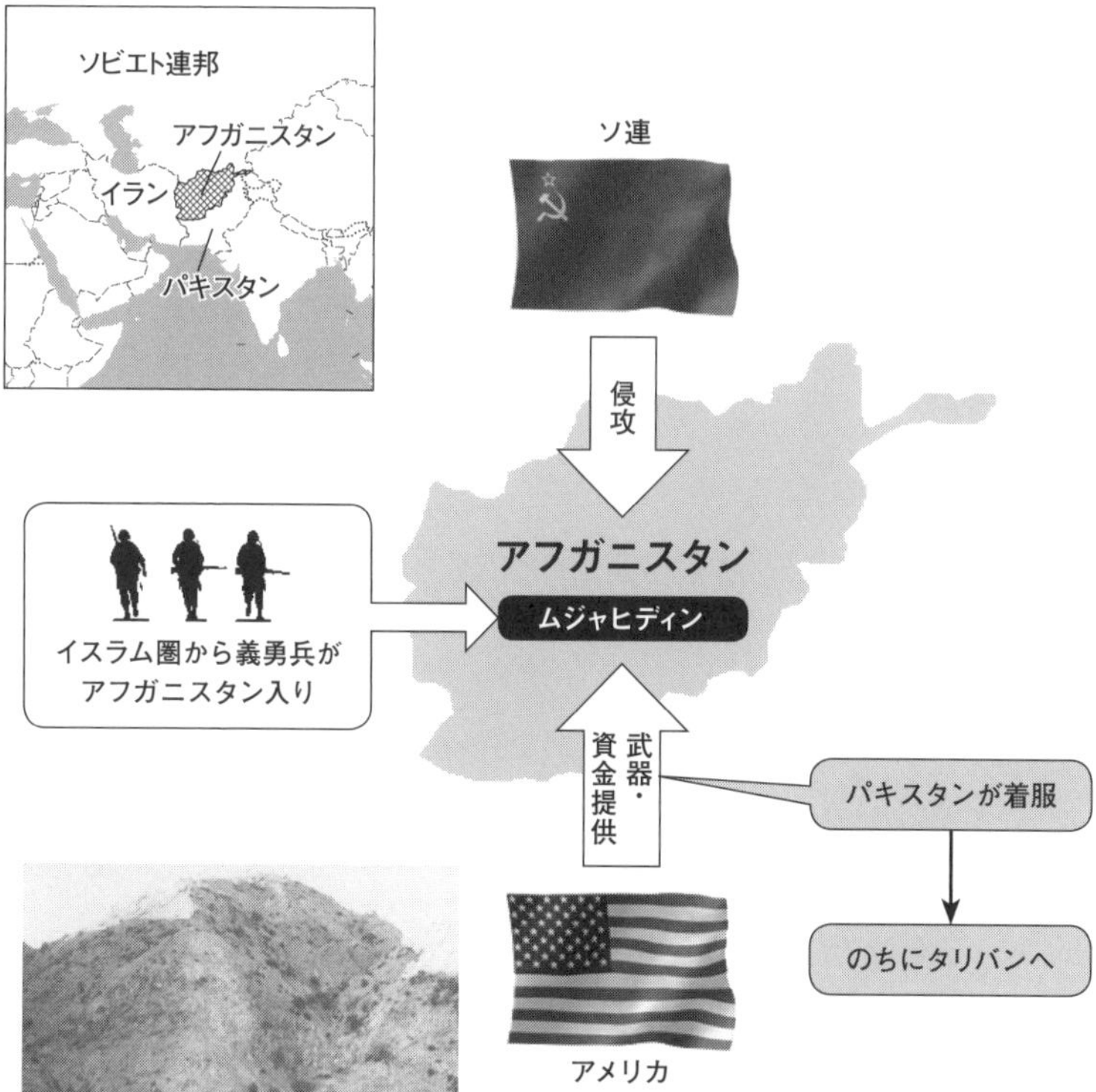

写真⑧—米軍が供与した地対空ミサイル「スティンガー」の発射訓練を受けるアフガニスタン側の兵士（1988年）。｜写真提供：共同通信社

出る熱を感知して狙いを定めます。あとは、発射ボタンを押すだけです。ミサイルは勝手にソ連のヘリコプターのエンジンに突っ込んで破壊する。地対空ミサイルによってヘリコプターは次々に破壊され、ソ連軍は撤退を余儀なくされました。

ソ連が撤退し、アフガニスタンは大混乱に陥った

アメリカがアフガニスタンを支援した目的は、ソ連を痛めつけることでした。ソ連軍が撤退すると、アメリカはアフガニスタンに対する関心を失います。

ソ連軍が撤退しアメリカが興味を失った。アフガニスタンの情勢は国際的なニュースにならなくなりました。

ソ連軍との戦いが終息したアフガニスタンの国内はどんな状態になったのか。実はイスラム教徒の軍事組織が内部対立して、泥沼の内戦状態になっていました。

そんなアフガニスタンに目をつけたのがパキスタンです。パキスタンは隣国のインドと何度となく戦争をしています。戦争のたびにパキスタン軍はインド軍に敗れ、辛酸をなめ続けていました。

パキスタンから見ると、インドと向かい合った時にアフガニスタンは自分の背後に位置

します。もしアフガニスタンにインド寄りの政権ができたら、パキスタンは挟み撃ちにあってしまいます。

アフガニスタンにパキスタン寄りの政権をつくろう。そうすれば安心してインドと向き合うことができる。そう考えて、アフガニスタンに兵を送り込みました。この兵はもともとアフガニスタンが内戦状態になった時に、パキスタンの難民キャンプに逃げてきた人たちでした。難民キャンプの神学校でイスラム教の過激な思想を教え込まれ、その思想に染まった人たちを兵士に仕立て、アフガニスタンに攻め込ませたのです。彼らはタリバン（アラビア語で「学生」の意）と呼ばれました。

では、武器はどうしたのか。アメリカがアフガニスタンに武器を援助した時に、パキスタン軍を経由して武器を援助していたでしょう。その時にパキスタン軍が、アメリカ軍から受け取った武器全部をアフガニスタンに渡していたわけじゃないんですね。着服していました。

アメリカ軍の武器を持ってアフガニスタンに入ったタリバンは、アフガニスタンの大部分を制圧。タリバン政権が生まれました。

テロリストの親玉をアメリカが育てた

ソ連軍と戦っているムジャヒディンの中にオサマ・ビンラディンという人物がいました。オサマ・ビンラディンは9・11アメリカ同時多発テロ（2001年）の首謀者です。サウジアラビア出身でイスラム教徒でした。アフガニスタンで、ムジャヒディンのひとりとして、ソ連との戦いに加わっていたのです。ソ連との戦いが終わったあと、オサマ・ビンラディンは、いったんサウジアラビアに帰国しますが、タリバンが政権を掌握したあと再びアフガニスタンに戻り、アルカイダという組織をつくります。

アルは、英語にすると「the」。カイダは「base」、the base、基地という意味です。アルカイダという反米テロネットワークをつくり、オサマ・ビンラディンはタリバン政権の客人として守られながら、アメリカへのテロ攻撃を計画したのです。

アメリカはソ連と対抗するために、ムジャヒディンを支援した。結果的に、オサマ・ビンラディンという過激なテロリストの親玉をアメリカが育てたことになるわけです。

同時多発テロに激怒したアメリカのブッシュ（息子）政権は、オサマ・ビンラディンの潜むアフガニスタンを攻撃します。オサマ・ビンラディンは2011年、パキスタンに潜伏しているところをアメリカ軍に発見され殺害されました。しかし、アメリカ軍は現在もアフガニスタンで泥沼の戦争をしています。

ソ連は国境を接するアフガニスタンを自分の言うことを聞く国にしようと攻めた結果、大変な痛手を被り国家自体が崩壊へと向かいました。

ソ連に対抗してムジャヒディンを支援したアメリカは、アフガニスタンに手を出したことによって、悲惨な状態に陥っています。

パキスタンも、アフガニスタンに自分の言うことを聞く政権をつくろうとタリバンを送り込みました。タリバンと同じ考え方を持つ人たちが、パキスタン国内にどんどん増えています。この勢力をパキスタン・タリバン運動といいます。

パキスタン・タリバン運動の過激派たちは、女性が教育を受ける権利を認めません。女性は家の中に大切に置いておけばいいと主張します。

２０１２年、中学生のマララ・ユスフザイさんが複数の男に銃撃されます。犯人は、パキスタン・タリバン運動の過激派でした。女性にも教育を受ける必要があると言うマララは許せない。それが銃撃の理由でした。その後も、パキスタン・タリバン運動によるテロが頻発。国内は混乱しています。

自分の国のことだけを考えて、すぐ近くの国を自分の思うとおりにしようと勝手に手を出すと、とんでもないことになり、結果的に自分が大やけどをするんですね。アフガニスタンに勝手に手を突っ込んだために、ソ連は崩壊し、アメリカは泥沼の戦争をやめられず、パキスタンもテロに悩まされ続けているのです。

ロシアが、クリミア半島を併合した

2014年3月18日、ロシアのプーチン大統領は、「ウクライナのクリミア半島で住民投票が行われ、圧倒的多数の住民がロシアへの編入に賛成した。ロシアはそれを認める」と発表しました。

これはどういうことでしょう？　クリミア半島はウクライナの一部でありながら、「自治共和国」として高度な自治が認められている地域でもあるのです。そのクリミア半島が、住民の意思によってロシアの一部になる。

事実をたどると、ロシア系住民が多数を占める自治共和国政府のメンバーが、ロシアと示し合わせて仕組んだ編入劇だったのです。ロシアの軍事力を背景に住民投票を実施。無理やり併合してしまった、というわけです。

欧米など西側諸国は猛反発し、ロシアに対する経済制裁を決めました。

では、どうしてロシアが後ろで糸を引いていたことがわかったのか。当初プーチン大統領は、クリミア半島の住民が自主的に決めたことだと言っていました。

ところが、併合から1年後のテレビ番組でプーチンは「クリミア半島併合を決めたのは、ウクライナで親ロシア派のヤヌコビッチ大統領の政権がひっくり返り、親EU派の政権が誕生したからだ」と言ったのです。まるで冷戦時代に逆戻りしたかのようなロシアの行動に、世界中に緊張が走りました。

ここでウクライナとクリミア半島の歴史を簡単に説明しましょう（p188図表⑮）。

ウクライナの首都キエフは、ロシアという国名の語源にもなっているルーシー公国の発祥の地です。ロシアはキエフから始まり、東へどんどん広がって形づくられた国なのです。

日本でもおなじみのコサックダンスやボルシチも、実はロシアではなくウクライナが発祥なのです。世界的に有名なロシア文学の作家、ゴーゴリーもウクライナの出身です。ロシアにしてみれば、ウクライナはロシアのルーツ。きょうだいのようなものだと思っています。

ウクライナの国旗は、青と黄色の2色旗です。上半分は青空、下半分は小麦畑の黄金色を表しています。気候がよく、穀物がよく採れる肥沃《ひよく》な土地です。ソ連に属していた時代には、「ソ連のパンかご」と呼ばれていました。

図表⑮—**ウクライナ基礎データ** | 出典:外務省HP、IMFなどのデータをもとに編集部が作成

ウクライナ略年表

8世紀	キエフ=ルーシ(キエフ大公国)成立
14世紀	ポーランド・リトアニア領となる
1667	西部がポーランド領、東部がロシア領となる
1853	クリミア戦争
1914	第一次世界大戦勃発
1917	ロシア革命。ウクライナ・ソビエト戦争
1922	ソビエト社会主義共和国連邦成立
1939	第二次世界大戦勃発
1954	クリミアをウクライナに編入
1986	チェルノブイリ原発事故
1991	ソ連崩壊。ウクライナ独立
2004	大統領選挙における不正疑惑からオレンジ革命起こる

面積	60万3700平方キロメートル(日本の1.6倍)
人口	4241万(2017年)
言語	ウクライナ語、ロシア語
民族	ウクライナ人、ロシア人、ベラルーシ人、モルドバ人など
政体	共和制
元首	ペトロ・ポロシェンコ大統領(2014年6月~)
通貨	フリヴニャ
主要産業	サービス業65.7%、鉱工業20.1%、農林水産業11.9%、建設業2.3%
GDP	1093億米ドル(2017年 世界62位)
1人あたりGDP	2583米ドル(2017年 世界133位)

しかし独裁者スターリンが進めた農業の集団化で、壊滅的な被害を受けます。豊かな土地がソ連の政策によってだめになってしまった。ウクライナの人々に、反ロシア的な感情が募っていました。

ソ連にとって、肥沃なウクライナは魅力的な土地です。スターリンが亡くなったあと、政権のトップの座に就いたフルシチョフ第一書記は、ウクライナのご機嫌を取るためにロシア領だったクリミア半島をプレゼントします。ソ連時代は、ウクライナもソ連を構成する共和国のひとつでした。クリミア半島がロシアに属していても、ウクライナに属していても同じ国内の話です。

ところがソ連が崩壊し、ウクライナはロシアから分離独立します。その時に、クリミア半島もウクライナになったのですね。ウクライナからすればロシアからもらった場所です。自分の国のものだという意識があります。

一方ロシアからすれば、歴史的にクリミア半島はロシアのものだという主張です。その背景には、不凍港であるクリミア半島のセバストポリを手放したくない、という戦略的な思いもあります。

ウクライナ問題は解決しないほうがいい⁉

クリミア半島併合が起こった時、ウクライナはどんな状態だったのか。親ロシア政権であるヤヌコビッチ大統領が誕生する前には、ＥＵへの加盟を求めた動きがありました。しかし、ヤヌコビッチ大統領はＥＵとの交渉を打ち切り、ウクライナ国民の怒りが爆発します。大統領への政治不信から反政府運動が起こります。ヤヌコビッチ大統領は、ロシアへ亡命し、代わって実業家ポロシェンコが大統領になります。ポロシェンコはロシアのクリミア併合は認めず、妥協策を見いだすと宣言します。

その頃から、ロシアがウクライナへの介入を強めます。ロシア系住民の多いウクライナ東部地区では、親ロシア派がウクライナからの独立を掲げて武装蜂起。２０１４年３月には、ロシアがクリミア半島を一方的に併合します。そして現在もウクライナ東部では、親ロシア派と政府軍の紛争が続いています（図表⑯）。

ロシアがこれほどまでにウクライナに固執する理由が、もうひとつあります。ソ連時代のウクライナは、ソ連の軍需工場地帯でした。ロシアの兵器は、ウクライナでつくられていました。もしウクライナが西側諸国の仲間になったら、軍事機密がすべて流出してしま

図表⑯―**ウクライナをめぐる構図**

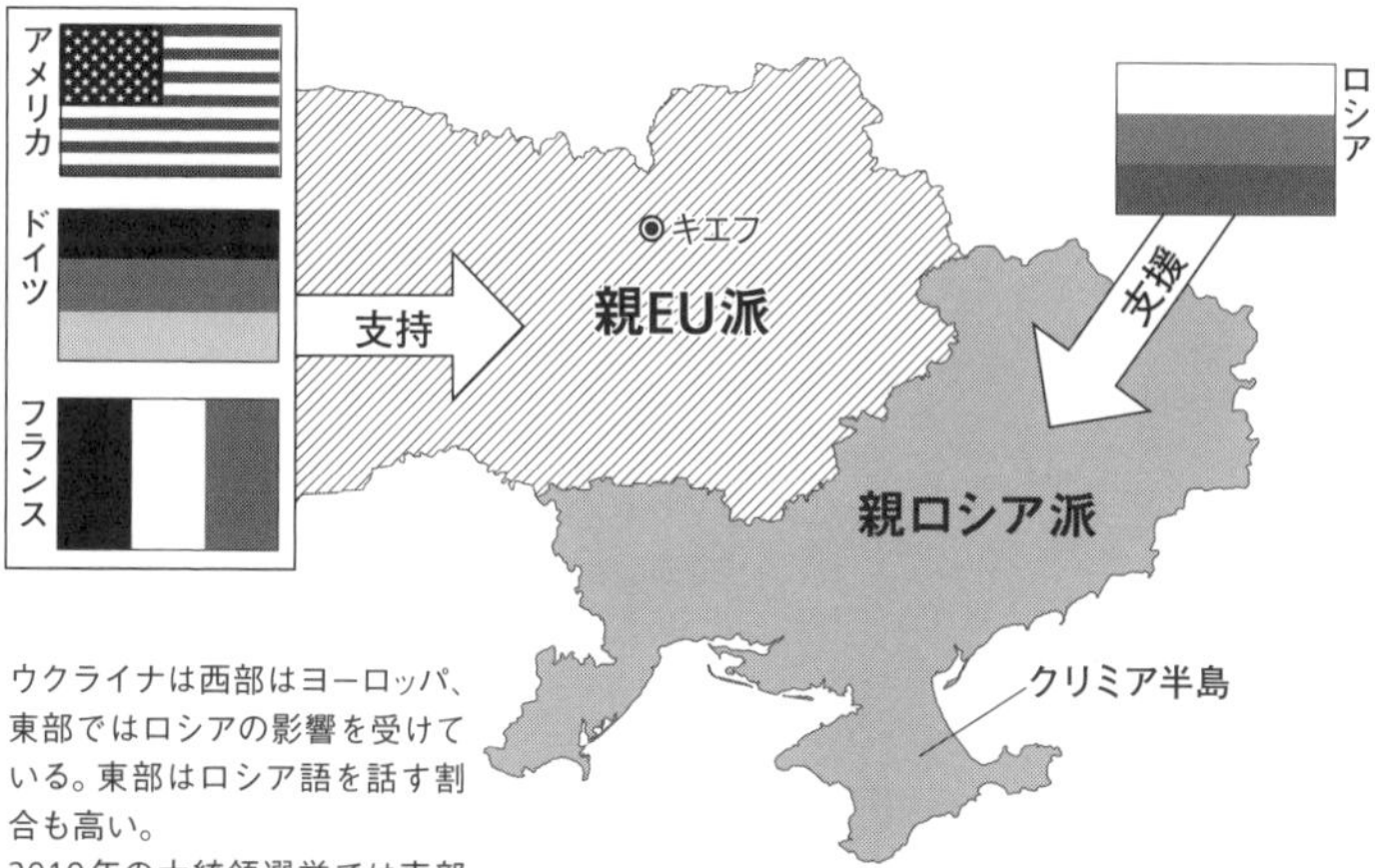

ウクライナは西部はヨーロッパ、東部ではロシアの影響を受けている。東部はロシア語を話す割合も高い。
2010年の大統領選挙では東部が親ロシアのヤヌコビッチ、西部が親EUのティモシェンコと、支持の違いが顕著に出た。

●ウクライナ危機の経緯

2013年	11月21日	親ロシア派のヤヌコビッチ大統領が、EUとの「連合協定」締結への準備を停止すると発表。これに親EU派の国民が反発。抗議運動始まる
2014年	2月23日	ヤヌコビッチ政権崩壊。ヤヌコビッチはロシアへ亡命
	3月16日	クリミア自治共和国でロシア編入の是非を問う住民投票が実施され、賛成が95%を超える
	3月18日	ロシアがクリミア自治共和国を併合
	3月24日	臨時のG7会議が行われ、ロシアのG8への参加停止を決定
	4月15日	ウクライナ政権が親ロシア派に対する軍事作戦を開始
	5月25日	大統領選挙で親EU派のポロシェンコが当選
	7月17日	ウクライナ東部でマレーシア航空機撃墜事件
2015年	2月6日	ロシア、ドイツ、フランスの3か国首脳会談
	12日	ロシア、ウクライナ、ドイツ、フランスの4か国が停戦合意
	3月15日	この日に放送されたテレビ番組で、プーチン大統領がクリミア併合の真意を語る

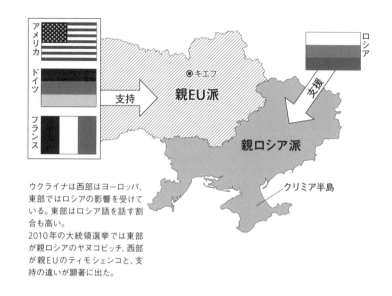

います。それは絶対に避けたいわけです。

――ロシアの一方的な思いで国をひっかき回されているウクライナの人たちが気の毒です。解決策はないのでしょうか？

難しい問題ですね。ロシアにすれば、ウクライナで内紛が続いているほうがありがたいんですね。プーチン大統領は、こう考えていると思います。

ウクライナ全体が西側諸国の仲間にならないように、東西が分裂した状態を続けたい。西側は、ＥＵとの関係を強めてもかまわない。しかし東側には高度な自治権を与えてロシア寄りの政府をつくる。それによって、東西に分裂したままのウクライナが、ソ連と西欧諸国との緩衝地帯になり続けるのです。

シリアへの介入で、ロシアは再び窮地に

さらに現在ロシアは、シリアの内紛に介入。政府軍を支援し、軍事行動を起こしています。シリアは、アサド政権による独裁国家です。アサド政権は、イスラム教のシーア派系です。厳密にいうとシーア派系のアラウィー派ですが、シーア派系と覚えておけばよいでしょう。

イスラム教には、大きく分けてスンナ（スンニ）派とシーア派があることは知っているよね。イスラム教徒の中では、スンナ派が多数を占めています。

シリアでは、少数のシーア派の独裁政権が、圧倒的多数のスンナ派を押さえつけているという構図になっているのです。

そういう側面からシーア派対スンナ派の抗争として見ることもできるのですが、正確に言えば宗教対立ではないのです。ロシアが介入している理由も含めて、説明していきましょう。

２０１１年頃に「アラブの春」と呼ばれる出来事がありました。

Q アラブの春とはどういうことか、知っていますか？

――アラブ諸国に起こった民主化運動です。

２０１０年チュニジアで起こった民主化運動に端を発し、アラブ諸国で連鎖的に独裁政権の打倒を目指した民主化運動が起きました。

シリアでも、独裁政権に反対する民主化運動が始まりました。大多数のスンナ派の国民が、少数のシーア派の独裁政権の打倒を目指します。

ここに目をつけたのが、スンナ派の大国サウジアラビアをはじめＵＡＥ（アラブ首長国連邦）などの国々です。これらの国々がスンナ派の反政府勢力を支援します。

一方でシーア派のイランがアサド政権を支援します。さらに独裁政権は許せないと、アメリカが首を突っ込んできます。

アメリカは、サウジアラビアやＵＡＥと一緒になって、反政府勢力を支援し始めました。すると、ロシアがアサド政権を支援するという構図になったのです。


――なぜ、ロシアは独裁者のアサド政権を支援するのですか？　ライバルのアメリカが反政府軍を支援しているからという理由だけでは、あまりに単純な気がします。


ロシアがまだソ連だった時代から、シリアは社会主義的な政策をとっていたので、ソ連と仲がよかったんですね。その関係で、シリア西部の地中海に面するタルトゥースにはロシア海軍の基地があるのです。

ロシアが常に不凍港を求めて南下政策をとっていたことは何度も話しました。ロシアにしてみれば、アサド政権が維持されているかぎり不凍港を確保できる。ロシア海軍は自由に行動ができるということなのです。

もしアサド政権が倒され、サウジアラビアやアメリカ寄りの政権が誕生したら、ロシアのシリアへの影響力が失われてしまう。それは不凍港がなくなるという意味です。それをなんとか阻止しなければいけないというのが、ロシアも介入している大きな理由なのです。

結果的に、シリアというのは、独裁者に対する大勢の人たちの民主化運動が始まったところに、周りの国々がどんどん勝手に介入をし、結果的に、とてつもない泥沼になり、シリアの国民の半分は、もう、海外に難民として逃げていくという状態になったということですね。

さらにIS（自称「イスラム国」）が介入したことでもっと複雑な構図になり、シリアではいまだに内戦が続いています。

そして、現在もロシアはアサド政権を支援するために莫大な金を使い続けているのです。ソ連時代のアフガニスタン侵攻と同様、シリアに介入したことによって、再びロシアの経済は窮地に立たされています。

歴史に学ばない国々

先ほど、2001年のアメリカ同時多発テロの報復として、アメリカがアフガニスタンを攻撃した話をしました。その時攻撃に参加したのはアメリカだけではなかったのです。イギリスも同盟国のアメリカを助けるため、一緒にアフガニスタンを攻撃しました。そしてアフガニスタンで、イギリス軍の兵士たちが戦死しているのです。

イギリスでは、王室の人も兵役につき、戦争に行きます。しかも常に最前線に行くのです。アメリカの女優と結婚して話題になったヘンリー王子も、イギリス軍の一員としてアフガニスタンに派遣されていました。

もちろん密かに派遣されていたのですが、イギリスの新聞がそのことを書いてしまった。ヘンリー王子がタリバンに狙われるかもしれない。ヘンリー王子は、急遽イギリスに帰国したということもありました。

イギリスの話題が出たところで、質問をひとつ。『シャーロック・ホームズ』を読んだことのある人はどのくらいいるかな？　なるほど、半分くらいの人が読んでいるんだね。

シャーロック・ホームズが初めてワトソンと出会うシーンがあります。

Qシャーロック・ホームズはワトソンをひと目見て、なんと言ったか。覚えている人、いますか？

――アフガニスタン帰りだと。

そう、そのとおり。よく覚えていたね！　シャーロックはワトソンに「君はアフガニスタン帰りだね」と言いました。シャーロック・ホームズの時代は19世紀だよね。19世紀から20世紀にかけて、イギリスとロシアは中央アジアの覇権を争っていました。

北からロシアが不凍港を目指して南下してくる。イギリスは植民地支配していたインドから北上していく。

ちょうどアフガニスタンあたりで、両国が衝突。支配権をめぐって激しく対立しました。中央アジアの覇権をめぐるイギリスとロシアの政治的抗争は「グレート・ゲーム」と呼ばれました。当時のイギリスはこの戦争で泥沼になっていたのです。

シャーロック・ホームズは、なぜワトソンがアフガニスタン帰りだと見破ったのか。シャーロックはワトソンをひと目見て、医者のようだが、軍人のようでもある。ということは軍医だ。しかも日焼けをしていて、負傷し、疲れきっている。イギリス軍の軍医がそんな目にあっているのは、アフガニスタンしかない、と推理したのです。

それほど当時のアフガニスタンでの戦いは、イギリスにとって大変なものだったのですね。

近年、イギリスのBBCがシャーロック・ホームズのリメイクドラマ（『SHERLOCK 〈シャーロック〉』）を制作しました。舞台は現代です。ワトソンは、またもやアフガニスタン帰りの軍医という設定です。皮肉なものだよね。

イギリスは、かつてグレート・ゲームでアフガニスタンに手を出したためにとんでもない損害を被ったのに、その歴史の教訓を学ばず、再びアフガニスタンに手を出して悲惨な状態になっている。

　ロシアも、アメリカも、イギリスも、みんな同じ負の連鎖に陥っています。どの国も歴史に学ばないんだなと思う一方で、歴史に学んでいれば軽はずみなことはしないはずなのに、とも思います。日本だって例外じゃありません。だからこそ、みなさんにはちゃんと歴史を学んでおいてほしいのです。

第6章

「エネルギー資源と外交政策」から見るロシア

中東諸国が、石油を武器にした

意外と知られていないことですが、ロシアは石油や天然ガスが豊富に採れる資源大国です。石油、天然ガスともに生産量は世界でも上位（図表⑰）なのです。

石油の価格は、需要や世界経済の期待感や産出国周辺の状況など、さまざまな要因で上下します。石油の価格が下がると、天然ガスもつられるように下がります。

――石油と天然ガス、別の資源ですよね。なぜ連動して価格が動くのですか？

石油も天然ガスも、火力発電に使われます。石油の価格が安くなると、それまで天然ガス

図表⑰―**石油・天然ガス生産量ランキング**（2017年）｜出典：BP

石油生産量　単位：1000バレル／日

順位	国名	生産量
1	米国	13057
2	サウジアラビア	11951
3	ロシア	11257
4	イラン	4982
5	カナダ	4831
6	イラク	4520
7	アラブ首長国連邦	3935
8	中国	3846
9	クウェート	3025
10	ブラジル	2734

天然ガス生産量　単位：100万立方メートル

順位	国名	生産量
1	米国	734517
2	ロシア	635561
3	イラン	223892
4	カナダ	176312
5	カタール	175712
6	中国	149194
7	ノルウェー	123228
8	オーストラリア	113460
9	サウジアラビア	111425
10	アルジェリア	91245

を使っていたところが、石油に切り替えるかもしれない。そのまま天然ガスを使ってもらうために、天然ガスの価格も引き下げるわけです。こういう連鎖が起こって、国際的な石油や天然ガスの価格が高騰したり暴落したりするのです。

第4章で、太平洋戦争が始まる時点で、石油が採れていたのはアメリカとインドネシアだと話しました。

ところが第二次世界大戦が終わる頃に、アメリカの石油資本がサウジアラビアでとてつもなく巨大な油田を発見します。さらにはカタール、アラブ首長国連邦、クウェートなど中東の国々にも、石油や天然ガスが大量に埋蔵されていることがわかりました。

ここから中東の国々は石油や天然ガスを売って、莫大なお金を稼ぐようになります。これがオイルマネーです。オイルマネーによって、中東の国々がどんどん発展していきます。

世界中の国々が中東から石油を輸入するようになった、まさにその頃、１９７３年10月に第四次中東戦争が起こりました。イスラエル対周辺のアラブ諸国の戦いです。

中東の国々は、この戦争を利用しようと考えます。世界中が中東の石油を買っている。よし、石油を武器にしよう。

「イスラエルの味方をしている国には石油を売るのをやめます。イスラエルと敵対すれば、これまでどおり大量の石油を安い価格で売りましょう。さらに敵対まではしなくても、イスラエルの味方をしない国には、これまでより高い値段ですが石油を売ってあげましょう」。アラブ諸国は、そういう駆け引きをしてきました。

オイルマネーで、ソ連が潤った

日本は、それまで中東にまったく関心がなかった、と言っていいでしょう。中東戦争が始まった頃の日本は「国連決議に基づいて平和的に解決されることを望む」と、他人事《ひとごと》のような態度でした。

しかしイスラエルの味方をしたら石油を売らないぞと言われて、日本は慌てます。日本は石油を100％輸入に依存していますからね。そこで初めて、中東問題を考えるようになるのです。

日本は突然、態度を変えます。「今後の戦争の行く末によっては、イスラエルに対する外交姿勢を考え直すことも検討する」。当初は客観的な言い方だったのが、反イスラエルの立場を匂わせるまで「アラブ寄り」になります。

これを当時のマスコミは、アラブ寄りというよりは「アブラ（油）寄り」だ、と評しました。しかし、日本だけが方針転換したわけではありません。EC（ヨーロッパ共同体、のちのＥＵ）諸国も、開発途上国の多くも、イスラエル批判に転じ、イスラエルは孤立しました。

これによって、世界的に石油の値段が跳ね上がりました。石油を輸入に依存している日本では、とにかく石油を無駄遣いしてはいけないという空気に支配されます。

テレビの深夜放送は、夜12時以降すべて休止になりました。デパート、スーパーは営業時間を短縮。「石油製品は品不足になったり値段が上がったりするかもしれない」という不安が世の中に募り、なぜかトイレットペーパーがなくなるという噂が広がって、人々がスーパーに殺到しました。石油とトイレットペーパーには、なんの関係もなかったのですが、いったん買いだめをする人が出れば、スーパーの棚から商品がなくなります。人々はますます買いだめに走り、品薄は助長されました。これがオイルショックです。１９７３年から翌74年にかけての出来事です。

オイルショックを契機に、日本は石油やエネルギー資源を大量に使うのではなく、効率のいいエネルギーの研究・開発を始めます。

Q ここでいう効率のいいエネルギーとは何を指すでしょう?

――風力発電や太陽光でしょうか。

この時点では、残念ながらまだ自然エネルギーには意識が向いていませんでした。夢のエネルギーとして開発されていた原子力発電所を日本全国につくり始めたのです。現在、賛否が問われている原子力政策ですが、オイルショックを機に大きく推進へと舵が切られたのです。

では、オイルショックはソ連にどんな影響を及ぼしたでしょう。

ソ連は大量に石油が出る、天然ガスも出る。オイルショックで、石油の値段がうんと跳ね上がった。ソ連の経済は、オイルマネーで潤ったのです。東ヨーロッパの国々や北朝鮮、キューバなど友好国には、石油を安く売る余裕を見せていました。

石油価格に左右されるロシア経済

ところがオイルショックを経験した世界の国々は、石油を節約するようになります。石油の消費量が減り、石油の値段が暴落しました。石油の値段が暴落すれば、天然ガスの値段も暴落します。ソ連経済は、がたがたになりました。キューバや北朝鮮など仲間の国々に対して、石油の援助ができなくなりました。ここから北朝鮮の経済も急激に悪化するのです。

ソ連はなぜ崩壊したのか。これまで、さまざまな要因をあげてきました。大きな要因としては、社会主義の経済システムが非効率で、そのために経済発展が遅れたことです。

第二に、アフガニスタンに侵攻したことで泥沼の戦争にはまり込み、経済的にも大きな打撃を受けたこと。そして、第三の要因が石油や天然ガスの価格の暴落です。

ひとつの要素だけでも、国の経済に大きな打撃を与えるようなことが、次々とソ連を襲ったのでした。

ついにソ連は崩壊し、ロシアの時代が始まります。初代大統領はエリツィンです。エリツィン大統領の時代、ロシアの経済はどん底で、大混乱していました。

ところがプーチン大統領が誕生した2000年頃から、中国やインドの経済が急激に成長していきます。膨大な人口を抱える両国が、石油を大量に使うようになりました。

石油の価格が再び、値上がりしていきます。その結果、ロシア経済も復興します。石油の値段が上がったから、ロシアの経済が潤ったのです。

しかしロシアの庶民は、プーチン大統領になったからロシアの経済が発展した、と思います。プーチン大統領にとっては、まさにラッキーでした。

さらに石油の価格がどんどん跳ね上がる事態が生じました。それが2007年にアメリカで起きた住宅バブルの崩壊と深刻な金融危機です。

投資家たちが原油先物取引に参入

アメリカでは、2005～06年をピークに、住宅ブームになっていました。なぜ住宅ブームになったのか？　ここで出てくるキーワードが「サブプライムローン」です。

プライムローンというのは、プライム＝優遇ですね。優遇ローンは、言ってみれば普通のローンのこと。サブプライムローンというのは、普通なら借金ができないような人にも、高い金利でならお金を貸しましょう、という考え方です。

アメリカは再チャレンジ、やり直しができる国です。たとえば、クレジットカードで買い物したけれど払えなかったとか、住宅ローンで借りたけど返せないで途中でだめになっちゃった、みたいな人にでもお金を貸しましょう、という仕組みがサブプライムローンです。優遇のプライムローンに対してサブプライムローン、というわけです。

サブプライムローンという仕組みができたことで、マイホームをあきらめていた人たちが、住宅ローンを借りて、次々にマイホームを建て始めます。そして住宅ブームが起きたのです。

しかし、アメリカの住宅ブームは長くは続きませんでした。2007年、住宅バブルは崩壊。住宅ローンの焦げ付きが広がっていき、その結果、アメリカの金融業界に不安が広がります。住宅バブル崩壊は、住宅ローン債権の証券化を積極的に進めていた大手投資銀行リーマンブラザーズの破綻につながりました（2008年9月15日）。これがリーマンショックです。

さて、住宅バブルから崩壊までの間、原油価格はどうなっていたでしょうか？　低所得層に、住宅を担保とした借り入れを容易にしたことで、住宅バブルの間は消費が拡大し、物価は上昇。インフレに強い原油が注目され、投資家たちは原油の先物取引に投資したのです。

先物取引というのは、何か月か先に売買できる権利のことです。投資家たちは、アメリカのテキサス州西部で採れる質のいい石油、WTI（West Texas Intermediate）の原油先物に投資しました。先物市場とは、3か月や6か月先に原油を買い入れることができる権利を売買するところです。

――石油に質がいいとか悪いとかあるんですか？

普通に生活していると、石油の品質がいいか悪いかという問題に直面することはないよね。質のいい石油とは、どんなものか？

地中から掘り出された石油、つまり原油ですね。原油には、重油や軽油、ガソリンなどいろんな成分が含まれています。その中でガソリンの成分が多いものを品質のよい原油といいます。アメリカのような自動車社会では、ガソリンがいっぱい採れる石油のほうが価値が高いんだね。また、硫黄分などが多いと精製コストがかかるため、質の悪い石油とされます。

アメリカでは経済が落ち込んだけれど、中国の経済は落ち込んでいない。これから中国はもっと石油を消費するようになるだろう。原油先物を買っておけば、いずれもっと価格が上がるだろう。株と同じで、安く買って高く売ればいい。

投資家たちはこう考え、大量の投資資金がWTIの原油先物市場に流れ込みました。その結果、原油先物の値段がどん

図表⑱―**原油価格の推移**｜出典：BP

＊1バレルあたりの年間の平均価格を2016年時の米ドルに換算

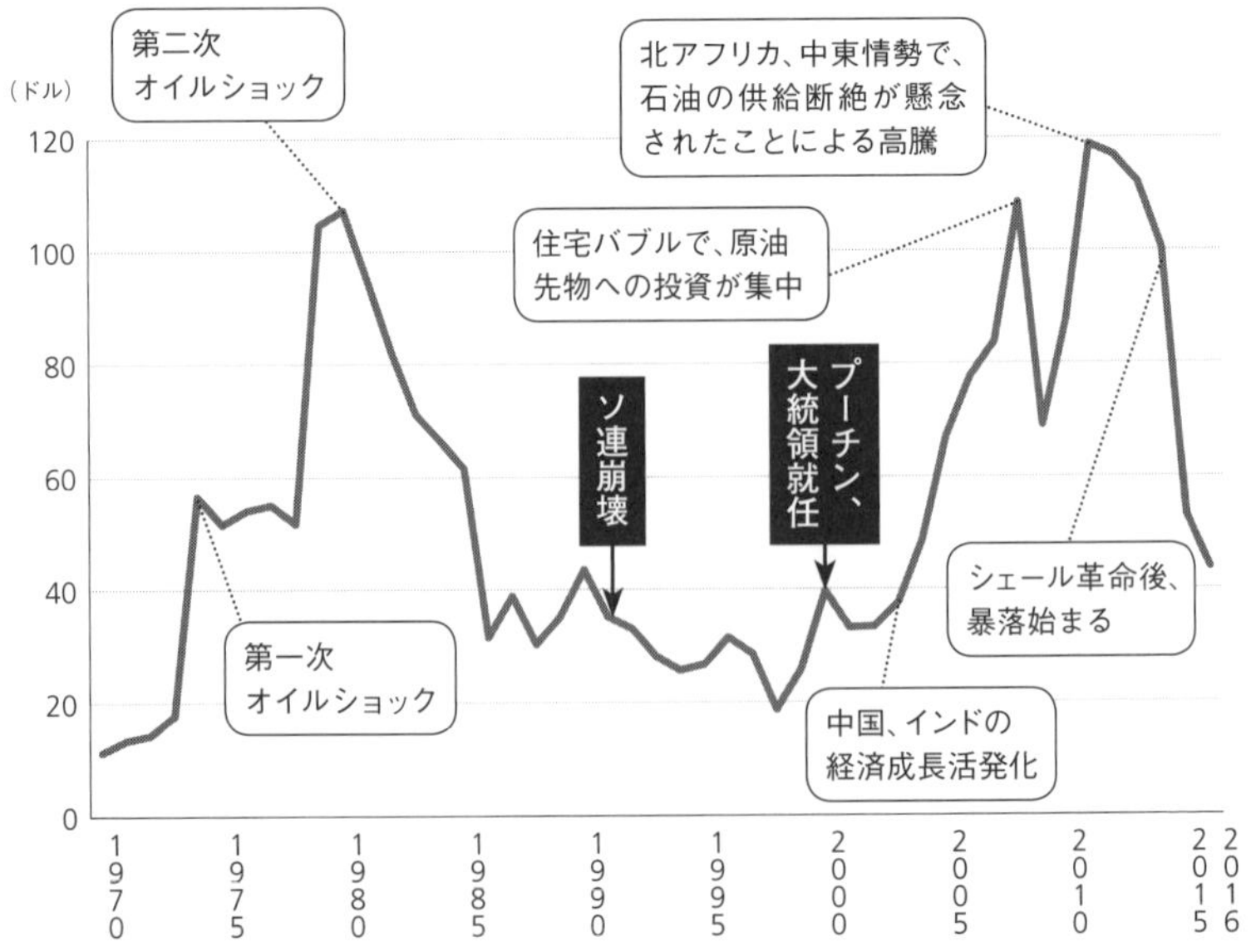

どん上がり、2008年6月、ついには1バレル140ドルにまで高騰します。

これで利益を得たのが、ロシアというわけです。WTIの原油先物市場に引っ張られてロシアの石油の値段も急上昇したのです（図表⑱）。

シェール革命がロシア経済に打撃を与えた

ところが、アメリカでシェール革命が起きます。シェールは、日本語でいうと頁岩《けつがん》です。薄い岩の板が何層も重なっている。横から見ると、まるで本のページ（頁）のように見えるので頁岩というんですね。お菓子が好きな人なら、ミルフィーユだと考えてもらえばいいでしょう。

北米からカナダにかけて、地下2000メートルから3000メートルぐらいにあるミルフィーユ状の岩の間に石油や天然ガスがいっぱい眠っていることはわかっていました。その層は、全土の約3分の1ぐらいに広がっています。とてつもない埋蔵量です。しかし、それを取り出す技術がありませんでした。

2000年代に入って、アメリカがこの技術を開発します。2010年代になると、アメリカはサウジアラビアを抜いて、あっという間に世界最大の石油産出国になりました。

天然ガスも世界一です。

もう、中東に頼らなくていい。ということは、石油が世界中にダブつくことになります。1バレル140ドルだった原油価格は暴落します。だいたい1バレルが50ドルから70ドルの間になりました（2018年現在）。

原油価格が半分以下になった。さあ、困ったのは中東諸国です。ロシアも困ります。特に中東カタールは、アメリカに天然ガスを売って外貨を稼いでいました。

シェールガスが豊富に採れるアメリカ（図表⑲）は、もう天然ガスを輸入する必要はありません。カタールは困りますよね。そこでアメリカに売れないのなら、ヨーロッパに売ればいい、と考えます。

図表⑲—**ロシアとアメリカの天然ガス生産量比較**｜出典：BP

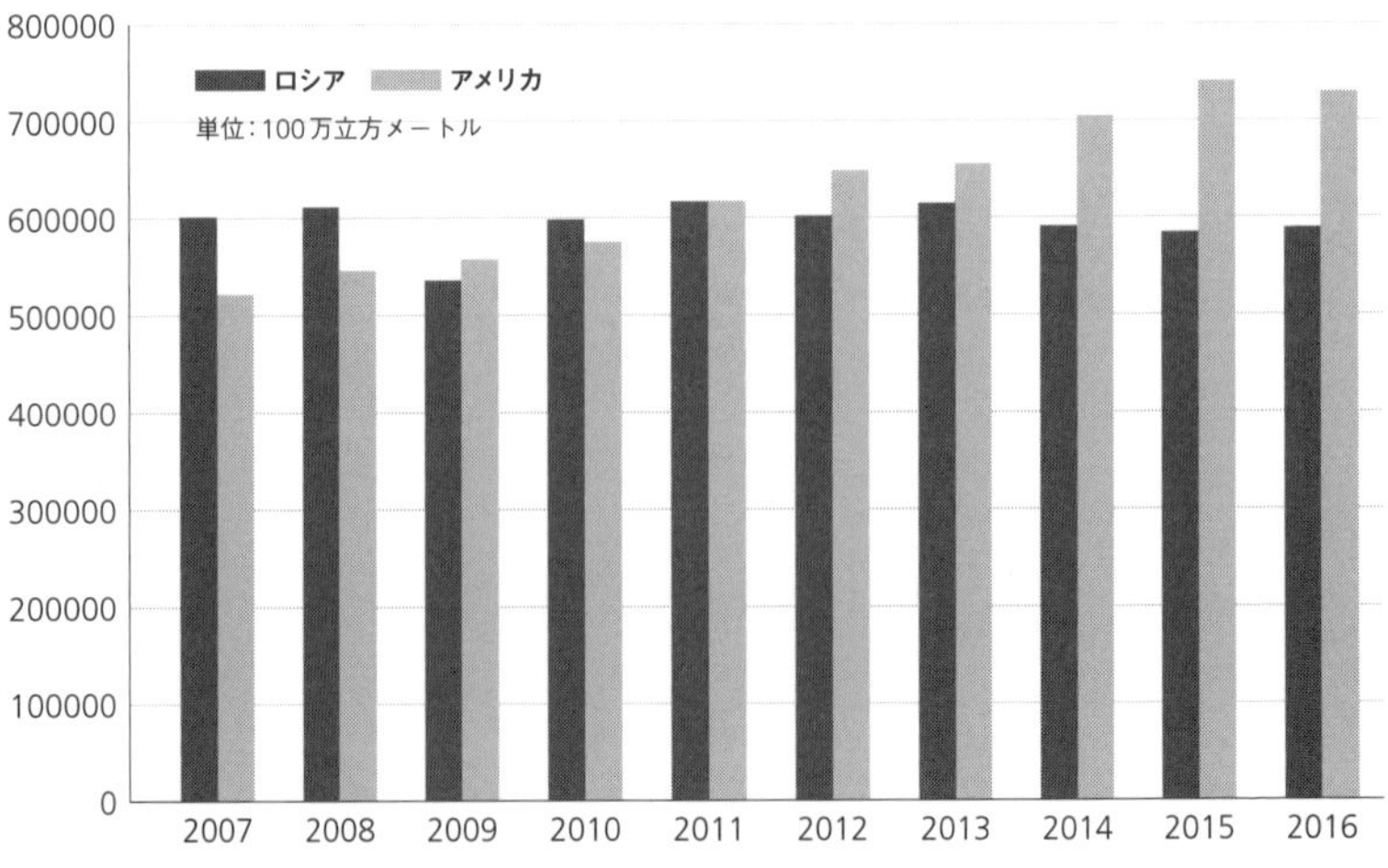

Qヨーロッパはこれまでどこから天然ガスを買っていたでしょう?

――ロシアですか。

そうです。ロシアは、ウクライナやベラルーシを経由してドイツまで、天然ガスを送るためのパイプライン(p212地図④)を引いています。ヨーロッパの国々は、ロシアから天然ガスを買っていました(p212図表⑳)。

ところが第5章で話したように、2014年、ロシアの介入によってウクライナで内戦が起こります。ロシアから天然ガスを運ぶパイプラインの安全性が脅かされるようになりました。

ウクライナは貧しい国ですから、天然ガスを買うためのお金が払えない。でもウクライナはガスがないと困るから、ロシアから送られてくるガスを無断で抜き取ってしまいます。結果的に、ドイツまで天然ガスが届かなくなりました。

ヨーロッパの国々は、ロシアからの天然ガスに頼っていると、エネルギー不安が起こる。カタールが天然ガスを安く売ると言っている。いいじゃないか、中東からも買おうということになりました。

ウクライナを内戦状態にしてしまったロシアの自業自得のようにも思えますが、とにかくロシアはヨーロッパには天然ガスを売れなくなると危惧します。そこでロシアが目をつ

地図④—**ロシアからヨーロッパへの主な天然ガスパイプライン**

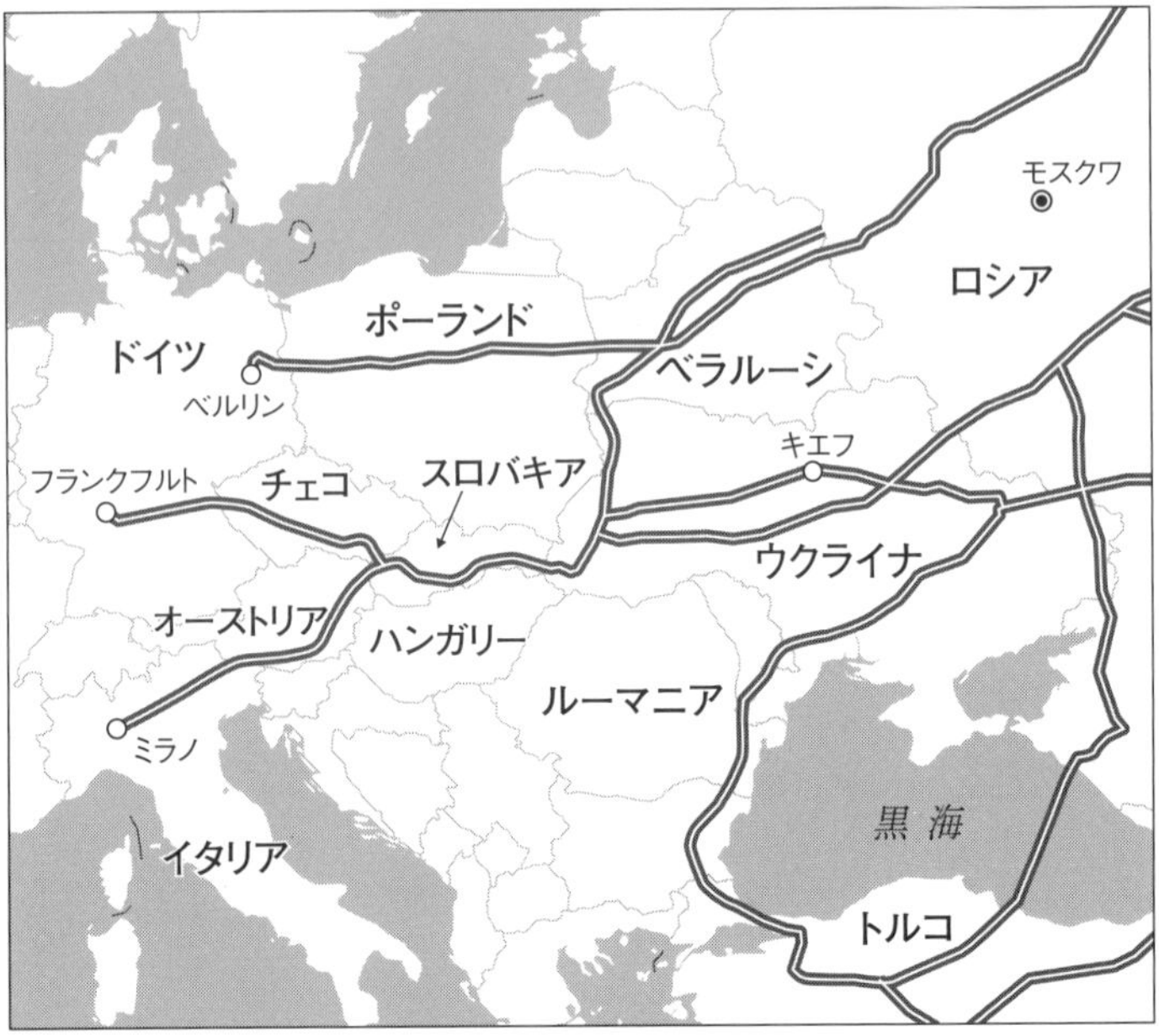

図表⑳—**ロシアの天然ガス輸出先**

| 出典：GAZPROM、BPの2017年データをもとに編集部が作成

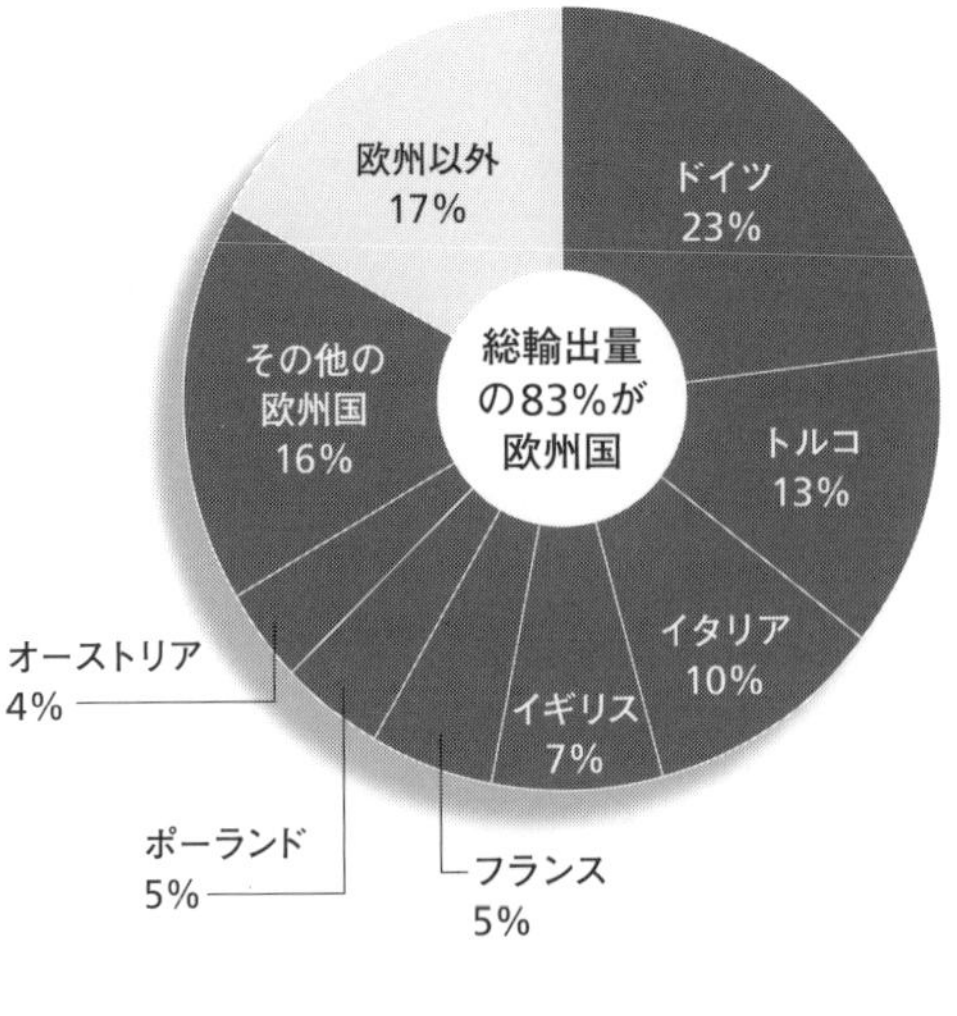

単位：億立方メートル

ロシア天然ガス総輸出量	2309
欧州向け	1922
欧州以外	387

けたのが、極東の島国です。

――日本ですね！

そのとおりです。２０１１年3月11日の東日本大震災で原子力発電所が甚大な事故を起こし、日本中の原子力発電所が停止しました。

火力発電所をフル稼働しますが、そのためには燃焼させるエネルギーが必要です。ヨーロッパに売れなくなるのであれば、日本に天然ガスを売ろうじゃないか。プーチン大統領が、突然日本と北方領土問題を話し合ってもいい、という態度をとり始めました。

――火力発電は、二酸化炭素をたくさん出すので環境負荷が高いと聞きましたが……。

もちろん火力発電は、決して環境に優しい仕組みではありません。でも、石油を燃やすよりは天然ガスを燃やしたほうが、二酸化炭素の排出量は少ないんですね。将来的には、再生可能エネルギーなどにシフトしていく必要はあるでしょうが、まだ日本の電力を中心的に賄える規模にはなっていません。エネルギー問題を常に抱えている日本にとって、ロシアの天然ガスは非常に魅力的なのです。

天然ガスが日本とロシアの関係改善につながる？

一般的に中東から日本へ天然ガスを輸送する場合、天然ガスをＬＮＧ（Liquefied Natural Gas　液化天然ガス）にしなければいけません。気体を液体にすることで体積をギュッと小さくして、タンカーにたくさん積めるようにするのですね。

そしてカタールからＬＮＧタンカーに積んで、日本まで運んでくる。茨城県の鹿嶋《かしま》で陸揚げをし、再びガスに戻して、東京の都市ガスとして使っています。ガスを液体にして、再びガスに戻す。当然、余分なコストがかかります。

ロシアでは、シベリアや樺太（サハリン）にも天然ガスがたくさん埋蔵されています。日本から近いですよね。パイプラインを北海道まで引いて、ガスのまま送ることができる。さらに東北地方から東日本へとパイプラインを引くことも考えられます（地図⑤）。ＬＮＧにする必要はありません。樺太で採れた天然ガスが、東京ですぐに使えるようになるのです。ロシアにとっては、ヨーロッパに売れなくなったものを、日本に売ることができる。日本にしても、安定的にロシアから天然ガスが手に入る。いわゆるウィンウィン（win-win）の関係になるのです。

ここでひとつ問題があります。残念ながら、ロシアにはシベリアや樺太で天然ガスを新たに開発する資金が圧倒的に足りないのです。さらに日本までパイプラインを引く技術力にも欠けている。

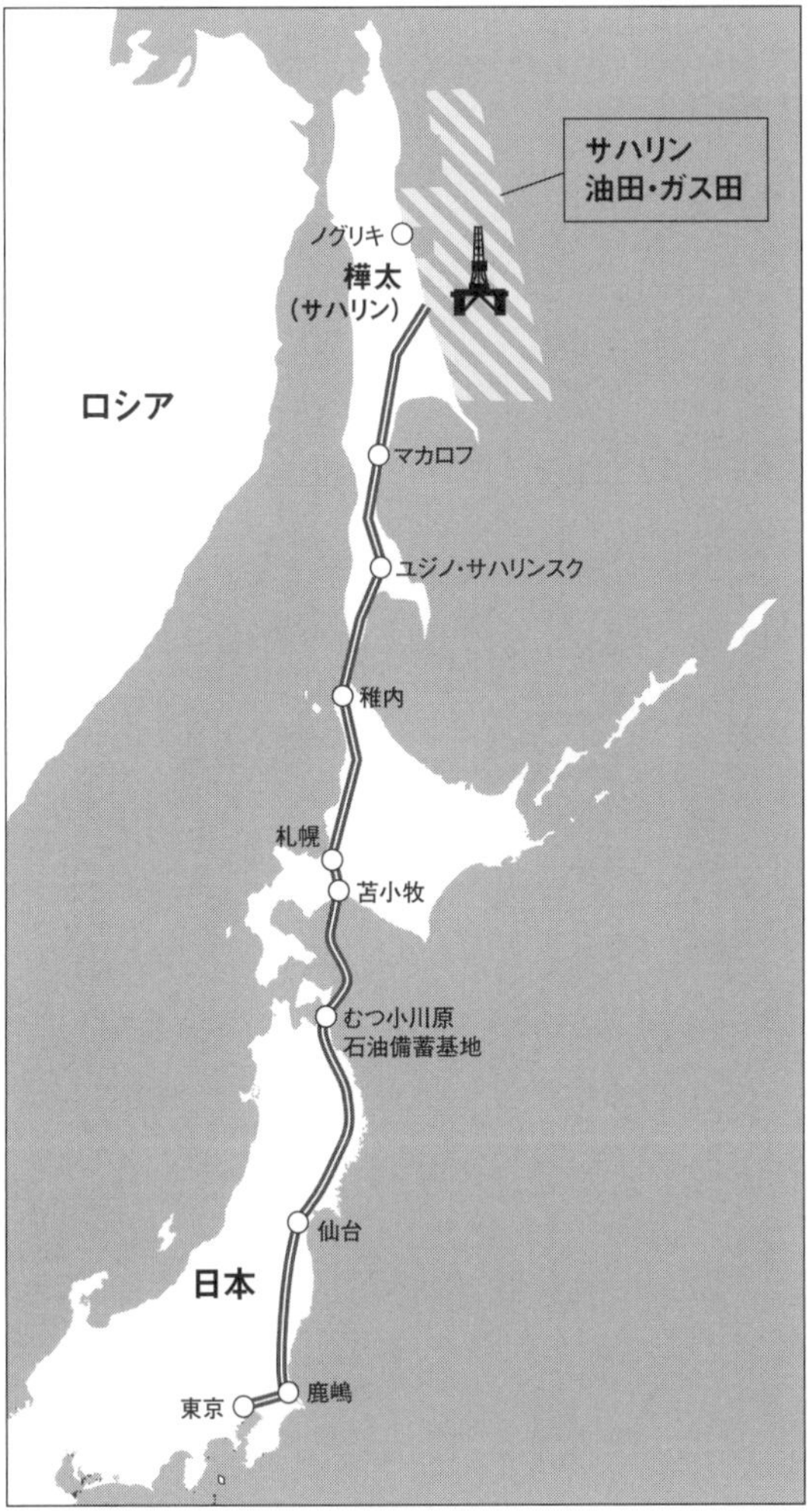

地図⑤—想定されるロシアから日本への天然ガスパイプライン
｜出典：JPDO、JRNG

Q どうしたらいいと思いますか？

――日本と協力して天然ガス開発をすればいいと思います。

そうなんです。日本には技術力も資金もあります。ロシアは、日本にシベリアや樺太での天然ガスの開発に参加してほしいのです。

そのためにも北方領土問題を通じて、日本との関係を改善したい。ロシアは、そういう戦略を持って、日本に接近してきているということですね。

日本にとっても、ロシアから天然ガスを安定的に供給され、しかも北方領土問題が解決することは、願ったり叶ったりです。天然ガスと北方領土、つまりエネルギー資源と外交政策の行方が、日本とロシアの明日の扉を開く鍵になっているのです。

チェルノブイリ原発事故はソ連崩壊の予兆だった

先ほど、3・11東日本大震災での原子力発電所の事故の話題が出たので、もうひとつソ連時代に起こった大きな事故にも触れておかなくてはなりません。チェルノブイリ原発事故です。

Qチェルノブイリ原子力発電所は、ソ連のどの地域にあったでしょう?

――ヨーロッパでも放射性物質の被害が報告されたと聞いているので、ソ連の西のほうの地域だと思います。

いい推測だね。当時、ソ連の一部だったウクライナ共和国キエフ州チェルノブイリ地区にありました。地図を見てみましょう(p188図表⑮)。

ウクライナ共和国は、ほとんど東ヨーロッパですね。チェルノブイリ地区は、ベラルーシとの国境に近い場所に位置しています。第5章の復習になるけれども、ウクライナはロシアのルーツともいえる場所で、ソ連時代は軍の兵器を製造していました。

爆発したチェルノブイリ原子力発電所の4号炉は、黒鉛型と呼ばれるソ連独自の方式の原子炉でした。これがどんな原子炉かというと、原子力発電を行うと使用済み核燃料ができるよね。そこからプルトニウムが取り出しやすい仕組みになっていたんです。

勘のいい君たちなら、もうわかったはずだ。東西冷戦時代、アメリカとソ連が核兵器を持ってにらみ合っていた。

お互いに核を持っていると、どちらかが攻撃すると大変なことになるでしょう。攻撃はしないけれど、たくさん核を保有しているんだぞ、というアピールをすることで相手を牽制し合う。それで均衡が保たれていたんだね。これを「核の抑止力」といいます。

プルトニウムは、核兵器の材料になります。ソ連は、原子力発電所を運転することで、核兵器の原料の大量生産を行っていたのです。

1986年4月28日、スウェーデンの原子力発電所で大気中に高レベルの放射性物質が検知されました。

スウェーデンの原子力発電所は慌てて、調査しました。しかしどこにも異常がありません。実は、この時チェルノブイリ原子力発電所で事故があり、そこから飛び出した放射性物質が風に乗ってスウェーデンに流れ着いたのです。デンマークとノルウェーでも高濃度の放射性物質が検知されました。

しかし、ソ連はチェルノブイリ事故のことを何も発表していませんでした。海外はおろか、国内にも隠していたのですね。

もちろん避難を呼びかけることもしていません。近くで釣りをしていた人や付近の住民は大量の放射性物質を浴びることになりました。

ソ連が発表したのは、事故が起きた4月26日から2日後の夜のニュースでした。ソ連の公式の発表では、この事故による死者は31人、放射線症候群を発症した人は238人となっています。しかしそれは氷山の一角で、事故の結果60万人に顕著な被曝が認められたとされる報告もあります。

事故を起こした原子炉は、放射能を閉じ込めるため、コンクリートで完全に覆われました。巨大な箱のような姿は「石棺」と呼ばれました。現在はさらに幅257メートル、高さ109メートル、長さ162メートルにも上る鋼鉄製のシェルターで覆われています。高濃度に汚染された土地では、現在も住民が生活しており、被害が現在も発生し続けているのです（p220図表㉑）。

当時のソ連は、ゴルバチョフが共産党書記長に就任したばかりで、世界は若き指導者がグラスノスチ（情報公開）に取り組むのを好意的に見ていました。しかし、事故を隠蔽《いんぺい》するソ連の態度に、いくらゴルバチョフという個人ががんばったところで、ソ連という巨大な官僚体制を変えることは不可能であることを、世界は知ってしまいました。

国内からの非難だけではなく、国外からも非難を受ける。チェルノブイリ事故は、まさにソ連崩壊の予兆だったといえるでしょう。

地球温暖化で北極海に注目が集まった

ロシアの北側は厚い氷で覆われている北極海です。だから歴史的に不凍港を求めて南下

図表㉑—**チェルノブイリ原発事故発生からの経過**

年　月　日	出来事
1986年 4月26日	チェルノブイリ原発4号炉が爆発
4月28日	スウェーデンで大気中に高レベルの放射性物質が検知される ソ連がチェルノブイリ原発の事故を発表
5月 6日	上空から砂や鉛、ホウ素の投下により放射性物質の大量放出収まる
11月	放射性物質拡散を防ぐため、4号炉を覆う石棺が完成
1991年10月	2号炉が火災のため停止
1995年12月	ウクライナとG7が、2000年までに発電所閉鎖とする覚書に調印
1996年11月	1号炉が稼働停止
2000年12月	3号炉が稼働停止。これでチェルノブイリ原発のすべての原子炉が稼働停止となる
2005年 9月	国際原子力機関が事故による死者の数を4000人と推定する報告書を発表
2011年 4月	被災した国々で事故発生25周年の追悼集会。日本の東日本大震災での福島第一原発事故もあり、原発再考への気運高まる
2012年 4月	石棺の老朽化により、鋼鉄製シェルターの設置を開始
2015年 4月	1～3号炉の解体が決定
2016年11月	鋼鉄製シェルターの設置が完了

鋼鉄製シェルターで覆われたチェルノブイリ原発4号炉｜写真提供：共同通信社

政策をとってきたのです。しかし、近年その状況に変化が現れ始めました。

それが地球温暖化です。北極海の氷がどんどん溶けています。とりわけ、夏場になると、北極海の氷はものすごく少なくなる。ここ30年間で氷の面積は6割以下まで減ったといわれています。

平面の地図ではわかりにくいのですが、もし地球儀を持っていたら、北極側から地球を見てみてください。何かに気づきませんか？　北海道から北極海を回ると、ヨーロッパはすごく近くなるのです。

実は、北極海航路が注目を集めているのです。これまで日本がヨーロッパと貨物船による交易をする場合、南シナ海からインド洋を回って紅海に入り、スエズ運河を通るルートが一般的でした。スエズ運河まで行く途中で、ソマリアの海賊に出くわすこともある、非常にリスクの大きな航路です。さらにスエズ運河を通るためには、通行料がかかります。

Qスエズ運河の通行料はごく普通の貨物船1隻当たり、どのくらいかかるでしょう？

――**数十万円か、数百万円？　想像つきません。**

その金額が半端じゃないんだよね。1隻あたり数千万円かかるんです。エジプト政府に通行料として数千万円を払わなければいけない。

でも北極海を通れば、そんな通行料は不要です。しかも、航行距離もはるかに短い。船の燃料も少なくてすみます。たとえば、北海道の苫小牧《とまこまい》からオランダのロッテルダムに行く場合、南回りだと約2万1000キロメートル。それに対して、北極海を通る北回りだと約1万3000キロメートルです。日数にして約9日も短縮できる計算です（地図⑥）。

さらに北極海には、ロシアなど周辺諸国にとって魅力的なものが眠っています。石油や天然ガス、希少な鉱物などいろんな資源が埋まっているのです。これまでは、氷に閉ざされていたので、北極海の資源開発は現実的ではなかったのですね。

ところが、地球温暖化の影響で北極の氷が溶け始めました。その結果、北極海の海底の資源開発が現実味を帯びてきたのです。

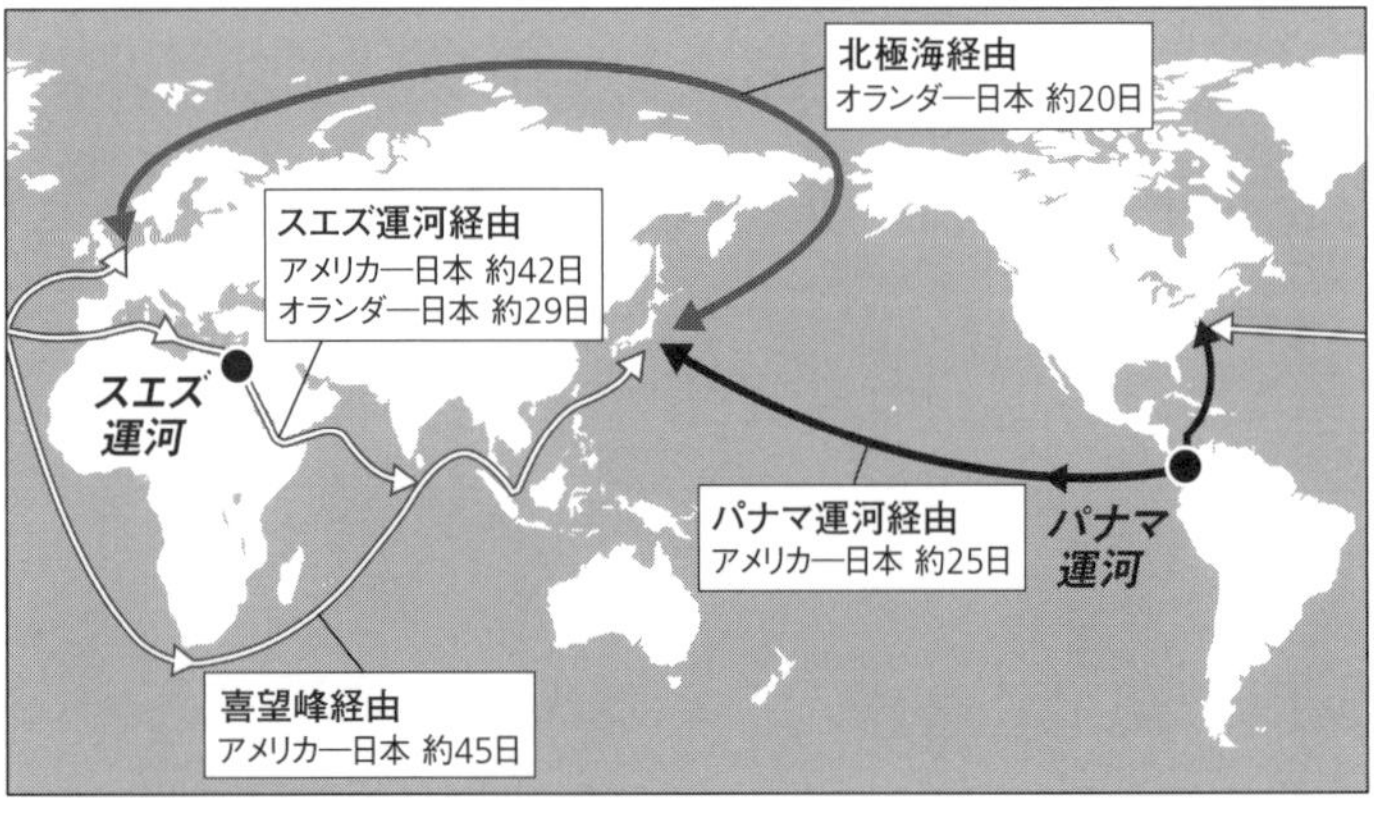

地図⑥—**貨物船航行ルートと日数**

北極海の資源をめぐって、駆け引きが始まった

北極海の資源開発に注目が集まると、北極海の海底はどの国のものなのかという問題が出てきました。

Qさて、北極海の海底はどこの国のものでしょう？

――ロシアがいちばん広い面積を占めている気がします。でも、北極海に面しているほかの国もあるので、よくわかりません。

海には陸上の国境線と違って独自のルールがあります。それぞれの国から200海里《かいり》以内は、その国が独自にそこの資源を使うことができる、という国連の海洋法条約があるのです。これが排他的経済水域です。1海里は1852メートルなので、200海里は約370キロメートルになります。

では、北極海はどこの国が開発できるのか。ここで、北極点を中心とした地図を見てみましょう（p224地図⑦）。北極海に面しているのは、ロシア、アメリカ、カナダ、デンマーク（グリーンランド）、ノルウェー。この5か国が排他的経済水域を持っていることがわ

かります。

北極海のロシアの海岸線から２００海里は、ロシアの排他的経済水域になるからロシアが自由に開発できます。

さらに自国の排他的経済水域から大陸棚が続いているということが地質学的に証明できれば、最大３５０海里まで排他的経済水域として認められるルールがあるのです。

だからロシアは現在、北極海の海底探査を一生懸命やっているんですね。２００海里を超えた北極海の海底もロシアの大陸棚の一部だと証明するための材料を一生懸命集めているのです。

それに対抗し、カナダやデンマークも、北極海の海底の資源探査を始めていま

地図⑦—**北極海をめぐる国々**

す。

さらにロシアはどこの国にも所属しない北極点に近い島に、北極圏を管轄する軍の精鋭部隊を配置しています。プーチン大統領によると「北極圏の権益を守る」ことが目的です。暗に北極圏は、ロシアのものだと主張しているわけです。

地球温暖化は、決していいことではないのですが、それによって北極海が新たな資源の宝庫として浮かび上がってきている。その資源をめぐっての争いが今後起きるかもしれないのです。

スエズ運河とパナマ運河の不思議な関係

――これまで日本で、ロシア産の石油や天然ガスが話題にならなかったのは、なぜですか?

日本はロシアと、ロシア帝国の末期からソ連の時代、何度か戦争をしてきました。さらに東西冷戦時代には、日本は西側陣営の一員。東側のソ連とは対立関係です。そもそも貿易がほとんど行われていませんでした。

現在のロシアになってからも、未だに平和条約が結ばれていない。決していい関係ではなかったわけだね。

――もし日本がロシアから天然ガスを輸入することになると、アメリカが敏感になるのではないでしょうか？

まったくそのとおりです。アメリカにしてみれば、日本がロシアから天然ガスを買うことは決して望ましいことではないと思うでしょう。

その一方で、日本では中部電力がアメリカからシェールガスの輸入を始めています。大阪ガスも2020年から輸入の予定です。

日本としては、アメリカのシェールガスも買っています。でも、まだ足りないから、ロシアからも買うんです、という言い方もできますね。アメリカを刺激しないやり方もきっとあるでしょう。

日本はシェールガスをアメリカから輸入するようになった。ちょっと話が広がってしまいますが、運んで来る時の面白いエピソードを紹介しましょう。アメリカのシェールガスの積出港は、カリブ海にあります。

Q カリブ海と太平洋を結ぶ有名な運河は？

――パナマ運河です。

パナマ運河は、あまり幅が広くない。最も狭いところは約33メートルしかないのです。

世界中の貨物船はパナマ運河を通ることを前提につくられています。ですから、どんな貨物船も船の幅はほぼ同じなんです。パナマ運河を通れる最大のサイズは「パナマックス」と呼ばれています。

これまでアメリカは中東から天然ガスを輸入していたでしょう。パナマ運河を通る必要がないから、アメリカのLNGタンカーはパナマックスよりもっと幅が広いんです。そこで問題です。

Q アメリカがLNGを日本に輸出することになりました。でもアメリカのLNGタンカーは、パナマ運河を通過することができません。どうすればいいでしょう？

――すごく遠回りになりますが、南アメリカの先を回って太平洋に出る？

アルゼンチンとチリの南端ですか。この海峡は一年中猛烈に荒れていて、安全に船が航行できる場所ではありません。では、どうしたか。日本の援助によって、パナマ運河のすぐ横に、これまでよりも拡幅された第二パナマ運河をつくったのです。日本のガス会社が買ったLNGは、第二パナマ運河を通って運ばれてくるのです。

世界はつながっている

アメリカでシェールガスが出た途端、ロシアが北方領土問題をなんとかしましょうと言ってきた。世界は本当につながっていて、いろんなことが連動して起きているんだとわかりますね。

現代のニュースを理解するうえでは、少し前の歴史を知ることが重要です。歴史を知ることによって、現代世界が見えてくるのです。

シャーロック・ホームズの19世紀の小説と21世紀版のテレビドラマ、どちらにもアフガニスタン帰りのワトソンが出てくる。同じようにアフガニスタンに介入しているのを見ると、本当に人間は学習しないんだなと思います。でも裏を返せば、歴史から学ぶと失敗を少しでも防ぐことができる、ということです。

そして、ロシアにかぎらず他国のことを知らずに変な国だ、と決めてかかるのは絶対やめてほしいのです。ロシアには、ロシアの論理があります。

ロシアは地政学的に11の国と地続きで国境を接する、侵略されやすい国です。そういう危機感を持って、いろんな政策を考えているということです。

かつて、シベリア出兵というかたちで、日本の侵略を受けた。あるいは、日露戦争で日本と戦って負けた。侵略した日本は忘れているけれど、侵略されたロシアは忘れていない。そのことも覚えておいてください。

世界はつながっています。あるひとつの国の出来事が、思いもかけないような影響を遠く離れた国に及ぼすこともある。近隣の国ならなおさらです。

そういう広い視野を君たちには持ってほしいのです。これから、日本で、世界で活躍する君たちだからこそ、歴史に学び、それぞれの国の事情を知ってほしい。そして、世界は思わぬところでつながっている、という視点を持って、生きていってほしいのです。

ロシア略年表
（本書に関連した項目を中心に作成）

1855 日露通好条約締結。
1875 樺太・千島交換条約締結。
1903 ロシア社会民主労働党、ボリシェヴィキとメンシェヴィキに分裂。
1904 日露戦争（～05）。
1905 1月、「血の日曜日事件」起こる。第一次ロシア革命へ。9月、ポーツマス条約締結。10月、ニコライ2世がドゥーマ（議会）の開設を約束。
1914 第一次世界大戦（～18）。
1917 3月、二月革命。4月、レーニンが亡命先のスイスから帰国。11月、十月革命でロシア帝国滅亡。ソビエト政権樹立を宣言。
1918 1月、ロシア社会主義連邦ソビエト共和国成立。3月、ボリシェヴィキが共産党と改称。首都がペトログラード（現サンクトペテルブルク）からモスクワへ。8月、日米英仏がシベリア出兵。
1919 コミンテルン（共産主義インターナショナル）結成。
1922 4月、スターリンが共産党書記長に。12月、ロシア、ウクライナ、白ロシア、ザカフカースが連合してソビエト社会主義共和国連邦を結成。
1924 1月、レーニン死去。ソ連憲法公布。ペトログラードをレニングラードと改称。

1925 日ソ基本条約調印。
1928 第一次五か年計画開始。
1929 農業集団化始まる。
1934 スターリンによる粛清始まる。
1936 スターリン憲法制定。
1939 8月、独ソ不可侵条約。9月、ドイツ、ポーランドに侵攻（第二次世界大戦勃発）。
1941 4月、日ソ中立条約。6月、ドイツがソ連に侵攻（独ソ戦）。12月、日本軍が真珠湾を攻撃（太平洋戦争勃発）。
1944 チェチェン人などがカザフ共和国に強制移住させられる。
1945 2月、ヤルタ会談。5月、ドイツ降伏。8月、アメリカが広島（6日）と長崎（9日）に原爆投下。8日、ソ連が日本に宣戦布告。15日、日本がポツダム宣言受諾（玉音放送）。9月2日、日本が降伏文書に調印。
1946 3月、チャーチルが「鉄のカーテン」発言。
1947 アメリカがトルーマンドクトリン（3月）、マーシャルプラン（6月）発表。
1949 4月、NATO結成。8月、ソ連で核実験。
1950 朝鮮戦争勃発。
1951 サンフランシスコ講和条約（ソ連は調印せず）。
1953 3月、スターリン死去。
1955 5月、ワルシャワ条約機構創設。11月、ベトナム戦争勃発。

1956 2月、第20回共産党大会でフルシチョフ、「スターリン批判」。10月、日ソ共同宣言。
1957 8月、大陸間弾道弾実験成功。10月、人工衛星スプートニク1号打ち上げに成功。フルシチョフがカザフ共和国に移住させられたチェチェン人の帰還を認める。
1960 日米安全保障条約改定。
1962 キューバ危機。
1969 米ソ、核拡散防止条約を批准。
1973 6月、ブレジネフ書記長訪米。核戦争防止協定に調印。10月、第四次中東戦争勃発でオイルショック(第一次)。
1979 2月、イラン革命で原油供給の危機(第二次オイルショック)。12月、ソ連軍がアフガニスタンに侵攻。
1980 モスクワオリンピック開催。西側諸国がボイコット。
1984 ロサンゼルスオリンピックを東側諸国がボイコット。
1985 ゴルバチョフが書記長に就任。三大政策打ち出す。
1986 4月、チェルノブイリ原子力発電所爆発事故。
1989 2月、ソ連軍がアフガニスタンから全面撤退。11月、ドイツでベルリンの壁崩壊。12月、マルタ島でゴルバチョフ、ブッシュ会談(冷戦終結)。
1990 ゴルバチョフがソ連初代大統領に就任。
1991 6月、エリツィンがロシア共和国大統領に選出。8月、保守派によるクーデターでゴルバチョフ大統領が別荘に軟禁され、2日後に解放される。ゴルバチョフが共産党書記長を辞任し、共産党に解党勧告。11月、チェチェン共和国がソ連からの独立を宣言。レニングラードがサンクトペテルブルクに改称。12月、CISが設立され、ソ連崩壊。

1993 チェチェンで内戦勃発。
1994 エリツィン大統領、チェチェン制圧のために軍を送り込む(第一次チェチェン紛争勃発)。
1999 8月、プーチンが首相に。9月、チェチェンの武装勢力がロシア国内で連続爆破テロ。ロシア軍、チェチェンを空爆(第二次チェチェン紛争)。12月、エリツィンが引退宣言。
2000 2月、ロシア連邦軍がチェチェン制圧を宣言。3月、大統領選挙でプーチンが圧勝し、第2代大統領に。
2002 チェチェン人によるモスクワ劇場占拠事件。
2004 3月、プーチンが大統領選挙で再選される。
2006 イギリスでロシアの元スパイ、リトビネンコが殺される。
2007 リトビネンコ殺害の容疑者ルボコイがロシア連邦議会議員選挙で当選。不逮捕特権を得る。
2008 3月、大統領選挙でメドベージェフが選出される。首相にプーチンを指名。2012年に選出される大統領から任期6年と憲法が改正される。9月、リーマンショック。
2010 アメリカでアンナ・チャップマンがFBIに逮捕される。
2012 大統領選挙でプーチンが当選し、自身3期目。
2014 2月、ソチ冬季オリンピック開催。3月、ウクライナ紛争。ロシアがクリミアを併合。
2018 3月4日、イギリスで元KGBのスクリパリと娘を狙った暗殺未遂事件。18日、大統領選挙でプーチンが再選、4期目。6月、サッカーワールドカップロシア大会開催。

*参考資料・文献/池上彰『そうだったのか! 現代史パート2』(集英社)、『20世紀年表』(毎日新聞社)、外務省HPほか

おわりに

ロシアについての授業はいかがでしたでしょうか。生徒たちの反応や質問は、共感できましたか。それとも、思いもかけない反応でしたでしょうか。若い諸君の「いい質問」は、そのたびに刺激的で、私にとって勉強になります。

今回は、ロシアについて六つの側面から多角的に考えてきました。あなたのロシアについての印象は変わったでしょうか。

再選を果たしたプーチン大統領は、これからさらに6年の任期を務めます。その6年で終わるかどうかも定かではありませんが、今後も日本が相手にしていかなければならない人物なのです。

ロシアは、1917年のロシア革命によって、世界に大きな影響を与えました。「社会主義国」というのが、どういうものか、世界に範を示す役割を担いました。

その結果、「社会主義の祖国」として高く評価する人や組織が誕生した一方で、「こんな恐ろしい考えは一刻も早く抹殺しなければならない」と脅えてソ連包囲網を画策した国がありました。

あるいは、「ソ連がやっていることは、本物の社会主義ではない」と反発する人たちも出ました。この結果、多様な「社会主義」の概念も生まれたのです。

そのソ連という社会主義国家は、21世紀を迎えることなく寿命を終えました。今になって考えます。ソ連が目指したものは何だったのか、と。

そして、今のロシア。ソ連の時代と同じなのか、違うのか。世界各地で起きている国際紛争について、どういう態度を取っているのか。ロシアの本音がわかると、今後ロシアがどのような態度を取るか、推測することも可能になります。

そのロシアは、資源の少ない日本にとって、天然ガスという貴重な資源供給国になりうる国です。

今回の授業は、ロシアについて、ごく初歩的なところからスタートしましたが、読者のあなたが、「今後ロシアはどのような方針を打ち出すだろうか」と考えるうえでヒントが詰まっているはずです。そのヒントを生かしていただければ幸いです。

池上　彰

本書を刊行するにあたって、
渋谷教育学園渋谷中学校・高等学校、
渋谷教育学園幕張中学校・高等学校の
先生や生徒のみなさまにご協力いただきました。
厚く御礼申し上げます。

――編集部

池上 彰
いけがみ・あきら

1950年長野県生まれ。慶應義塾大学経済学部卒業後、73年にNHK入局。報道局社会部記者などを経て、94年4月から11年間にわたり、『週刊こどもニュース』のお父さん役を務め、わかりやすく丁寧な解説で人気を集める。
2005年にNHKを退職し、フリージャーナリストに。名城大学教授、東京工業大学特命教授。愛知学院大学、立教大学、信州大学、日本大学、順天堂大学などでも講義を担当。主な著書に『そうだったのか!現代史』『伝える力』『池上彰の学べるニュース』などがある。

構成
片原泰志

ブックデザイン
鈴木成一デザイン室

地図製作
平凡社地図出版株式会社

編集協力
西之園あゆみ

校正
小学館出版クォリティーセンター

制作
星一枝、太田真由美

販売
大下英則

宣伝
島田由紀

編集
岡本八重子

池上彰の世界の見方

Akira Ikegami, How To See the World

ロシア

新帝国主義への野望

2018年11月19日　初版第1刷発行

著者
池上 彰

発行者
小川美奈子

発行所
株式会社小学館
〒101-8001 東京都千代田区一ツ橋2-3-1
編集03-3230-5120 販売03-5281-3555

印刷所
凸版印刷株式会社

製本所
株式会社 若林製本工場

 ISBN978-4-09-388629-1